U0695650

名师名校名校长

凝聚名师共识
固芝名师关怀
打造名师品牌
培育名师群体

　　　　　程明远

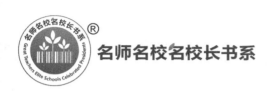

名师名校名校长书系

数学课堂

局部探究 的实践与思考

王华民 著

吉林出版集团股份有限公司

全国百佳出版单位

图书在版编目（CIP）数据

数学课堂局部探究的实践与思考 / 王华民著. — 长春 : 吉林出版集团股份有限公司, 2019.5

ISBN 978-7-5581-7023-2

Ⅰ.①数… Ⅱ.①王… Ⅲ.①中学数学课—课堂教学—教学研究 Ⅳ.①G633.602

中国版本图书馆CIP数据核字（2019）第100595号

数学课堂局部探究的实践与思考
SHUXUE KETANG JUBU TANJIU DE SHIJIAN YU SIKAO

作　　者：	王华民
责任编辑：	宫志伟　　陈增玥
出　　版：	吉林出版集团股份有限公司
发　　行：	吉林出版集团社科图书有限公司
电　　话：	0431-81629709
地　　址：	吉林省长春市福祉大路5788号
印　　刷：	吉林省长春凯旋印刷厂
开　　本：	889mm×1194mm　1/16
字　　数：	225千
印　　张：	12.5
版　　次：	2022年6月第1版
印　　次：	2022年6月第1次印刷
书　　号：	ISBN 978-7-5581-7023-2
定　　价：	45.00元

如有印装质量问题，请与印刷厂联系调换。

在实践中研究，在研究中成长

苏联著名教育家苏霍姆林斯基说过："教师要在繁重的工作中找到乐趣，使天天上课不至于变成一种单调乏味的义务，那就得走上研究这条幸福的道路."当前，随着新一轮课程改革的实施，对教师专业素养的要求越来越高，教师想要获得持续性发展，适应新课程教学的需要，作为一名"学习者"是远远不够的，还必须在自己的从教生涯中进行不断地反思、不断地研究、不断地改进，成为一名"研究者".怎样做一名研究型教师？通过教学研究提升专业素养、促进专业成长，只有这样，才能受到我们每一位教师的高度关注.

然而，虽然我们认可"教师即研究者"这一观念，但是对于如何成为研究者，对于一名教师怎样开展教学研究，不免还有着种种迷茫和惆怅、纠结与困惑.许多老师常常以"教学负担繁重没有时间"为由而忽视了教学研究.他们虽然勤于教学，却疏于思考，懒于动笔，甘做传统的"教书匠"，固守在经验化的自我满足之中而止步不前；也有一些老师有做教学研究的愿望，却苦于不知从何处入手，从哪里做起.作为一名普通教师，该如何做研究？研究什么？怎样研究？这些问题还是深深地困扰着我们.

有幸与王华民先生相识，得以先睹其所著新课程背景下《数学课堂局部探究的实践与思考》一书，不觉眼前豁然开朗.原来，"教师做研究并不神秘，教师做研究实质上就是发现问题、寻找方法、解决问题的实践过程".王老师从一名普通的数学教师成长为江苏省知名的特级教师、无锡市有突出贡献的中青年专家，一路走来，其成功的轨迹在书稿的字里行间隐约可见，可以毫不夸张地说，他为我们树立了"在实践中研究，在研究中成长"的典范．一篇篇精美的文章，记录着心灵的对话，迸溅出师生思想碰撞的火花，给人启迪．

这是一本值得我们阅读的好书——贵在把教师的研究指向自己的工作实践，体现了教师作为研究者，在实践中研究，为实践而研究的思想．这是真正来自教育教学第一线的声音，这里，敛藏了多少案头的深入钻研，浓缩了多少灯下的沉思与智慧；这里，写满了作者的态度、情感与价值观，彰显着作者驾驭教学的能力和水平．翻开本书的每一页，你将会沉浸在教学改革的浓烈氛围之中，发生在课堂中的一个个鲜活的故事和作者的深刻思考，会让你精神为之一振，耳目为之一新，让你产生无尽的遐想，涌起研究的欲望．

课堂不仅是素质教育的主阵地，也是教师专业发展的主阵地、教学研究的主阵地．名师的成长无不来源于对课堂教学的执着追求．一线教师与学生朝夕相处，他们对学生了如指掌，对教材熟知于心；他们纠结于每一节课的得失成败，思虑于每一位学生的喜怒哀乐；他们为每一种教育现象苦想冥思，为每一个教育故事尽心尽力．他们掌握着大量的、丰富的第一手资料，具备着得天独厚的条件用以开展教学研究工作．新课标要求教师由传统的"教书匠"转变为有思想、有研究意识和能力的"专家"，既能运筹于笔墨，又能决胜于课堂．

教育改革是从基础教育领域开始的一场实践性很强的深刻变革．对广大教师而言，只有实践，才能真正走进新课程．我们可以从发生在身边的教育教学现象出发，对散见在课堂每一个角落的案例不断地进行反思、加工与梳理，再结合相关的理论加以提炼、概括和总结，从而形成经验，然后再将其运用于教育教学实践，那么，"教"和"研"就能有机地融合在一起，"教"有了依据，"教"和"研"有了价值．如此反复循环，教育教学质量就可以大幅度提高，产生量的跨越，实现质的飞跃．

在传统数学教学中，无论是定义的引出、定理的证明，还是例题的讲解都是单向的，教师进行的是个人自编自演的讲解，学生的主要任务就是看和听，接下来就是模仿式地做大量练习，尽管"忙坏了"老师，也"累伤了"学生，然而效果却不能令人满意．这种"接受式"数学教学的方式，扼杀了学生深入思考的欲望，削弱了学生探究数学的权利，导致学生数学学习的能力下降和创新能力的匮乏．因此，不少有识之士正在积极倡导数学探究式教学，期望让学生真正深层次参与到教学中来，以弥补"接受式教学"的不足．

数学探究式教学是新课程倡导的教学方式之一，强调在数学教师的指导下，以数学教学内容或相关的问题为载体，通过运用一定的教学方法与教学组织形式，把学生数学学习过程中的发现、探究等数学认识活动呈现出来，使学生经历发现问题、提出问题、解决问题的数学活动过程，并在此过程中理解数学概念，体会数学思想，掌握数学方法，养成数学态度，提升数学素养，培养初步的研究意识．它既是一种数学教学方法，又是一种数学教学思想，倡导学生自主探索、主动学习是数学探究教学的主要特征．

王华民先生在教学实践中感受到：探究学习在具体实施过程中，无法回避诸多现实问题．一线教师面临着教学任务的限制、升学的压力，如果经常采用探究、活动的方式，那么教学任务往往难以完成．因此，将有意义的接受学习与探究式学习进行合理整合、有机渗透，就显得十分必要与迫切．探究活动要把握好一个"度"，对于大的探究活动，如球体积公式的推导等课题，往往需要整堂课，故一般一学期只能进行2—3次；而在日常的教学活动中，不妨实施"局部探究"，在2008年8月陕西《中学数学参考》中，他正式提出"让局部探究成为数学教学的常态"的观点，受到数学同行广泛的关注．

王华民先生所说的局部探究，指的是根据教材的特点，围绕某个小专题或者是某个具体数学问题，从一堂课中拿出5—15分钟，在教师的精心组织和引导下，让学生运用自我探究与合作交流的方式进行学习，经历过程，获取知识，体验思想，掌握方法，培养能力．在本书中，他通过一个个来自课堂生动有趣的故事和案例，具体地提出了对数学概念的教学、定理公式的教学、习题的教学、复习课的教学、教学难点的突破等探究教学的操作示范．我们认为这是一种发明和创新，是一种非常有价值的尝试，很值得学习、借鉴和推广．

《数学课堂局部探究的实践与思考》不仅是王华民先生集腋成裘的教学经

验的不断总结、不断升华的理论结晶，更凝聚了他从事多年数学教学研究的心血；不仅描述了他丰富精彩的数学课堂教学活动，更阐述了他对新课程背景下数学教学的深刻思考；不仅展示了他广博的数学知识和高超的教学智慧，更展示了他敏捷的思维和独到的创见．全书立意鲜明，寓理于例，选材精当，评析干练．没有对数学教学的执着追求和无比热爱，没有一种大感情的投入，是难以奉献出如此内涵丰富的精品．

"平生不羡黄金屋，灯前窗下常自足""衣带渐宽终不悔，为伊消得人憔悴"，用这两句诗来形容王华民先生是再恰当不过的了．在与王华民先生直接或间接的交往中，给我们印象最深的是：他兴趣广泛、积累深厚、勤于学习、善于思考，在数学教学中刻苦钻研、锐意创新，在教育科研上孜孜以求、笔耕不辍．他以自己强烈的事业心、责任感和献身精神，把自己的科研成果、教改思路、教学经验，毫无保留地和盘托出，编著出一本融实践性、理论性、思想性和艺术性于一体的好书．

我们相信，本书的问世，定能为广大数学教师提供教学思考和解决新课程教学中实际问题的理论基础，为普通的一线教师怎样开展教学研究、实现专业成长提供一个很好的范例．作为一名数学教学工作者又是本书第一读者的我们，十分高兴能获得一次非常宝贵的学习机会，同时热忱地把它推荐给教育战线上的广大同行．我们更希望，有更多的数学教学工作者勇于探索、辛勤耕耘，总结出更多更好的教学经验，奉献出更多更好的科研作品，使自己既能身耕于杏坛而桃李满天下，又能笔耕于案头而文章传千家！

钱军先　华志远

2014 年 10 月

钱军先、华志远是首批教授级高级教师，江苏省著名特级教师．钱军先是江苏省最美教师，全国五一劳动奖章获得者；华志远是无锡市一中副校长，苏步青数学二等奖获得者．该文发表在《中学数学教学参考》2014年11期．

目录

第一篇

探究学习的重要意义

探究学习的重要性

一、探究学习是创新发展的要求，反映了社会的需求

20 世纪中叶以来，科技迅猛发展，国际间的交流日趋频繁，竞争也日渐激烈，从 20 世纪 80 年代开始，为了适应时代发展的需要，培养有创新意识和创造能力的人才，许多国家都对教育体系做了重大变革，体现在学校的教育上，重要的不是让学生学会多少知识，而是让学生学会获取新知识的方法，学会学习，以及具有创新精神和实践能力.

目前创新渐已成为时代的最强音，是全社会关注的焦点问题之一. 但是创新不能一蹴而就，经历探究的洗礼，才有创新的可能；创新重视结果，探究重视过程，创新离不开探究. 因此，我们不难发现，探究和创新是一种因果关系，没有探究就没有创新. 通过系统的探究学习，培养创新能力是当今社会的需求.

二、探究学习可以促进学习方式的变革，有助于学生的全面发展

探究学习把学习建立在人的能动性、独立性和自主性上，在积累直接经验、培养学生的创新精神和实践能力方面有独到之处. 它没有马上将数学结论直接告诉学生，而是让学生通过各式各样的探究学习活动，如观察、实验、调查、收集、猜想、类比、论证等，最终自己得出数学结论. 这样就为学生提供了实践和锻炼的机会，也获得了探究过程的直接经验. 通过探究，学生不仅知道结论，而且知道了数学概念、方法、理论的产生和发展的渊源及过程，了解并领悟由实际需要出发到建立数学模型，再到解决实际问题的全过

程. 它凸显了学生的发现、探究、研究等认识活动，最后达到提高学生数学素养的目的.

　　探究学习是在终身教育和终身学习的观念深入人心的背景下提出的，符合学生的自我意识和心理特征，为学生提供了具有开放性的发展空间，有利于学生兴趣、动机、情感、意志、性格等非智力因素的健康发展，也有利于学生学习主动性的发挥，同时又促进了学生进行积极的探索，这样，为实现终身学习提供了新的学习理念，既符合国际基础教育改革和发展的需要，也符合我国培养高素质人才的需要. 它改变了人才的培养模式，使学生能够获得亲自参与对数学知识进行探索的积极体验，培养学生创新精神和实践能力，完善学生的基本素质，培养学生的问题意识和批判精神，最大程度地为学生的自我发展提供足够的空间，提高学生发现问题和解决问题的能力，挖掘了学生的潜能，对促进学生的全面发展和综合素质的提高，有着十分重要而又深远的现实意义.

三、探究学习是新课标的要求，是新高考的导向

　　我国的新课改也紧跟步伐，其中就有通过改变学生的学习方式来促进学生的全面发展以及培养新一代的高素质人才的要求. 数学作为一门重要的基础学科，是学生学习科学等课程及进一步学习的基础，它的课程改革受到广泛的关注.《普通高中数学课程标准》指出学生的数学学习活动不应只限于接受、记忆、模仿和练习，高中数学课程还应倡导自主探索、动手实践、合作交流、阅读自学等学习数学的方式. 这些方式有助于发挥学生学习的主动性，使学生的学习过程成为在教师引导下的"再创造"过程，让学生体验数学发现和创造的历程，发展他们的创新意识. 可见高中数学新课标对数学探究的要求，是基于对学生终身发展的考虑. 而作为重要导向的高考，也迈出了重要的一步，有关"数学探究"每年约有 2—3 道试题出现在近年试卷中，且有加大的趋势. 以高考江苏卷为例，在 2007、2008 年的数列姊妹题中，欲探求结论，因结论不确定，目标不明确，则需要考生去探究，包括"尝试""猜测、验证""转换"等系列活动；2008 年确定污水处理厂位置的第 17 题，需要对两个函数模型有一个对比、优化的过程——需要探究；2009 年第 17 题的

第（2）问试求所有的正整数 m，使得 $\dfrac{a_m \cdot a_{m+1}}{a_{m+2}}$ 为数列 S_n 中的项，要仔细观察、及时判断——需要探究；第 18 题呈现了一个"姊妹圆"背景，试求"所有满足条件的点 P 的坐标"，要进行尝试、猜测、对比、选择——需要探究；又如 2012 年第 14 题，已知正数 a、b、c 满足：$5c-3a \leqslant 4c-a$，$c\ln b \geqslant a + c\ln c$，则 $\dfrac{b}{a}$ 的取值范围是_____；第 20 题第（2）问"已知 $a_{n+1} = \dfrac{a_n + b_n}{a_n^2 + b_n^2}$，$n \in \mathbf{N}^*$. 设 $b_{n+1} = \sqrt{2}$，$n \in \mathbf{N}^*$，且 $\{a_n\}$ 是等比数列，探求 a_1 和 b_1 的值"，解答过程要根据形式进行联想、转换，还需要反思、调整——需要探究等等.

透过这些高考江苏卷的探究性试题，我们有理由相信：如果平常教学就注重探究的课堂，考生是有底气的，他们不会缺乏思路；否则，可能少数考生碰巧会有思路，但大部分考生因缺乏思路而选择放弃，导致数学高考成绩不够理想.

四、过往教学实践的经验表明

在我们身边发现有这样的现象：某些年龄偏大的教师，课堂学习活动侧重接受、记忆、模仿和练习，课上以讲为主，讲解、小结都很清楚，对学生易错的地方，也讲得很到位，对练习环节抓得扎实；粉笔字写得很漂亮，图象也画得好，课外作业较多，重复训练较多，显示了接受式学习的特征. 然而学生以听为主，参与得少，课堂缺乏互动而呈现的生机与活力，久而久之，部分学生缺乏学习兴趣，缺少成功感，听课不够认真，甚至出现瞌睡现象，所在班级的教学成绩往往不够理想. 由此，得出如下结论：

（1）这种学生不参与或少参与、缺乏探究的教学，是难以成功的.

（2）这种只注重结果，不关注过程的教学方式亟待改变.

局部探究学习的提出

一、数学课堂中探究学习的现状分析

探究学习在具体实施过程中，却又无法回避诸多现实问题．比如：在目前班级授课制条件下，大部分是 40—50 人一个班，如何有效实施探究学习，使学生获得最大的发展？实施探究性学习有哪些既实用而且操作性又强的策略与方法？教师自身的探究能力、创新意识如何？等等，如何处理好这些现实问题，摆在了我们每个教育工作者的面前．

从近几年的数学课堂来看，探究学习开展的并不十分顺利，那么，是什么导致探究学习在数学课堂中难以铺开？

原因之一：不少学生已经习惯于接受式学习，存在较多的依赖思想，从目前来看，相当一批的学生从小就深受接受式学习的影响，已经习惯于教师传授知识，而且这种习惯已经根深蒂固，他们很缺乏进行自主探究的能力和经历，主动性不强．这种定势的思维方式和行为习惯，带来的是在高中课堂中难以开展探究学习，困难重重，结果不得不中断这种学习的尝试．

原因之二：当前考试制度起到不小的影响．在目前的评价模式中，大大小小的考试扮演着指挥棒的角色，而探究学习作为一种新的学习方式，在短期内难以看到它的优点，难以快速的体现和验证，可能出现费时、费力，吃力不讨好的现象，可能教师还要面临家长、学校和社会三方面的压力．因此，为了顺利完成目前的学习任务和考试任务，不少教师在公开课以外，较少采用探究学习．

原因之三：探究时间难以把握．大家知道接受式学习的一大优点在于可以控制好时间，高效率的完成教学任务. 而探究学习不仅费时多，而且所用时间的长短是难以预计的，再加上单位时间内掌握的内容不如接受学习来得多. 现在的教学进程都受到时间的限制和内容的控制，一旦大量的开展课堂探究学习，势必会造成教学进程也难以把握，教学任务难以完成，进而带来一系列其他的不良影响.

二、"局部探究学习"的摸索

在课堂上，能否既进行探究性学习，又考虑时间要素，保证有效性呢？近年来，我们教育、教研部门和学校都一直在关注并研讨"有效教学"的话题，"减负且增效"是教育工作者共同的追求，现在已取得不少成功的经验. 所谓有效教学，就是要研究如何遵循教学规律，运用恰当的教学策略和方法，以尽量少的时间、精力和物力投入，取得尽可能好的教学效果. 这里"最佳教学效果"的考量标准不仅要看短期教学成绩，还要看是否有利于学生思维等能力的培养和人的全面发展，有一个短效与长效的问题，当然应该兼顾两者.

数学的探究学习与数学教学的有效性息息相关，探究学习应考虑时间因素，考虑有效性，而有效性也离不开探究学习.

北京师范大学教育学院的李亦菲曾提出"在学科教学中，可以有以下三种形式促进学生开展探究学习，它们是微格式探究学习、完整课时的探究学习、探究性作业."[1]这里的微格式探究学习，我们可以理解为在学习的发现问题、制定方案、实施方案、获得结果、表达与交流的完整探究环节中，只让学生完成其中的一个或几个环节，其他则由教师讲授为主，这样，可以达到探究学习与接受学习的统一. 上海市教育科学研究院智力开发研究所的陆璟也提到探究性学习可以被分为"完全探究性学习"或"部分探究性学习".

"青浦经验"的创始人顾泠沅认为：搞理论要走一点极端，搞实践应用必须"知其两端而用之"（宋：朱熹）. 寻找中间地带理论：教师主导取向的有意义接受式学习与学生主导取向的探究式学习的取中、平衡，并按本国传统进行整合.

下面来看一个案例：

早在 2001 年，在江苏省锡山高级中学（一所很有特色的四星级重点高中），一位富有创意的青年任方成老师执教了"等比数列前 n 项的和"这一课，其中，对于"等比数列前 n 项的和公式"的推导过程：

操作思路：

第一步，创设情境、明确目标

引入：在国际象棋中，如何求每格子麦粒的总数？

（转化为数学模型）即求 $S_{64} = 1 + 2 + 2^2 + \cdots + 2^{62} + 2^{63}$.

师：能逐项求出这 64 项的和吗？（一个天文数字）（生在思考）

第二步，搜集资料，观察筛选

思考 1：为什么没有直接算出来？如何调整、优化研究方向？

（次数太高、项太多；降次、减元、整合）

思考 2：观察分析该问题的特征.

（等比数列前后项的关系：$a_{n-1} \cdot q = a_n$）

思考 3：上述两点如何结合？（由前后四人互相讨论）

第三步，大胆猜想、寻求突破

由等比数列前后项关系 $a_{n-1} \cdot q = a_n$，大胆想法：

原式（记作①）的两边同乘以公比 2，得 $2S_{64} = 2 + 2^2 + 2^3 + \cdots + 2^{63} + 2^{64}$　②

观察①②发现中间 63 项相等，可用两式相减，得 $S_{64} = 2^{64} - 1$.

这种方法称为：两式错位相减法

第四步，回顾反思、拓展延伸

（1）过程反思：此法能否推广到一般？

学生不难从特殊到一般类比得到：求等比数列 $\{a_n\}$ 的前 n 项和：

$S_n = a_1 + a_2 + \cdots + a_n = a_1 + a_1 q + a_1 q^2 + \cdots + a_1 q^{n-1}$　①

$qS_n = a_1 q + a_1 q^2 + \cdots + a_1 q^{n-1} + a_1 q^n$　②

①－②得 $(1-q)S_n = a_1 - a_1 q^n$.

$$\therefore S_n = \begin{cases} na_n, & q=1, \\ \dfrac{a_1(1-q^n)}{1-q}, & q \neq 1. \end{cases}$$

（2）结论反思：两式错位相减法，变"加"为"减"，欲擒故纵，体现了辩证统一的思想.

（3）思维方向的反思：特殊到一般，由因索果.

从该案例不难看出，教师把这一堂课所要研究的某一个结论设为一个课题，围绕这个课题，创设一些问题情景，用一些科学的方法（从特殊到一般、类比等）作指导，对"等比数列求和"公式进行探究，旨在让学生对知识的发现、发生、发展的过程，亲身经历、亲身体验一番，对发展学生的创新思维非常有益，这是新课程所倡导的. 这个公式的探究相对这堂课只是一个局部，还有对公式的认识，对公式的简单应用等其他内容，仍采用原来的有意义接受式学习，可以设置适当的例题及练习，对所学"等比数列求和"公式巩固及简单运用. 因为有了对公式形成过程的局部探究，因此需要适当压缩例、习题的长度，进行合理的整合.

本人在 2005 年领了一个"高中数学新课改中教学方式的变革与传统经验的整合研究"课题组，经过三年的探索，得出的结论是：探究要把握好"度". 对于大的探究活动，如必修 2 中"点到直线距离的几种推导过程"等课题，往往需要一堂课的探究，所以一学期一般只能进行 1—2 次. 平常教学，不妨让局部探究成为数学教学的常态. 有鉴于此，本人 2008 年在陕师大《中学数学教学参考》（上旬）第八期[2]，提出了"让局部探究成为数学课堂教学的常态"的观点，对局部探究做出定义，分析了如何在不同数学课型中，开展局部探究的实践（见后），受到不少教学研究人员及教师的关注与引用.

三、什么是局部探究

围绕某个小专题或某一个具体问题，从一堂课中拿出 5—15 分钟，在教师的组织、引导下，让学生用自我探究与合作交流的方式进行学习，获取知识，培养能力，体验过程. 其他时间，仍用有意义接受式学习，把这种教学模式称为局部探究学习，简称为局部探究.

局部探究当然具有一般探究学习的基本特性，但由于数学学科有自身的特殊性，与实验科学相比，它不是偏重于动手操作和调查取证，而是以独立思考和深度思维为主的探究活动. 它包括对于概念的形成过程、对结论（公式、定理、法则等）的形成过程实施局部探究，也包括对某一个数学问题、数学专题实施局部探究.

数学课堂中的局部探究学习作为一种探究学习的方式，是鉴于实际教学中学习进程和学习时间的限制而提出来的，兼顾有效性. 当然，在课堂中的探究学习活动，离不开教师的指导和帮助.

四、局部探究学习与有意义接受式学习方式的对比

表 1 - 1 - 1　局部探究学习与有意义接受式学习方式的对比表

比较项目	有意义接受式学习	局部探究学习
特点	（1）旧经验引导性学习（基于知识、经验传授） （2）教师系统传授教材内容（教师为主体） （3）及时练习与反馈矫正（重结果） （4）内容是相对封闭的，结果是确定的；教师给出，学生解答（封闭的）	（1）从问题出发引出探究学习（问题驱动） （2）在动手操作与合作交流中追求新知（学生为主体） （3）寓求知于生活实践活动（重过程） （4）内容上是开放的，在探究结果的要求上是开放的；学生质疑、提问（开放的）
优势	目标是基础知识，有利于系统掌握知识与技能，学科测验成绩较高	目标是能力与气质，解决问题、创造能力、人际关系、动机态度较优

五、局部探究的理论基础

关于探究学习的理论基础，有不少学者认为它的哲学基础是马克思主义关于人的全面发展理论和实践理论，教育学基础是教育发展论和现代课程教学理论，心理学基础是认知结构和人本主义心理论.

以下从"再创造"理论和发现学习理论对局部探究学习予以论述.

弗赖登塔尔认为：数学是最容易创造的一门科学，数学实质上是人们常

识的系统化. 教师不必将各种规则、定律强行灌输给学生，而是应创造各种合适的条件，提供很多具体的例子，让学生在实践的过程中，自己"再创造"出各种运算法则，或是发现有关的各种定律知识. 历史上很多数学理论是在世界各个地方由不同学者分别独立发现的，数学发展的历史如此，个人学习数学的进程也同样如此，每个人在学习数学的过程中，都可以根据自己的体验，用自己的思维方式，重新创造有关的数学知识，每个人应充分享有"再创造"的自由. "再创造"应贯穿于数学教学的全过程，应将数学教育作为一个活动过程来加以分析.

发现学习的理论是美国心理学家布鲁纳提出来的，他认为"发现学习就是以培养探究性思维的方法为目标，以基本教材为内容，使学生通过再发现的步骤进行的学习". 从学习者要达到的目标来看，发现学习的重要目标是使学生通过体验所学的概念、原理的形成过程，来发展其归纳、推理的思维能力以及掌握探究思维的方法. 从学习者掌握数学知识的方法上看，发现学习应该是学习者自己主动发现问题和解决问题的学习. 从学生学习数学的过程来看，发现学习不是只重视教师的讲授，而是更加重视学生的独立发现. 我们应该这样认为，发现学习是指以培养独立思考能力、发展探究性思维为目标，以基本教材为内容，通过再发现的形式所进行的独立的、有意义的学习.

第二篇

如何实施局部探究

　　不管教育理论如何，最终都应该能经受得起课堂教学实践的检验，经得起考试的检验，经得起学生成长和社会的检验．探究学习也是如此，它需要在教学实践中不断摸索、积累，扎根，使它成为广受师生欢迎且行之有效的学习理念．

　　如何实施局部探究呢？从不同课型的层面，如何在概念、结论、专题复习课中实施局部探究？从某一个专题的微观层面看，选择哪些局部探究"点"？选用哪些探究方法？如何与有意义接受式学习整合，提升教学的有效性？局部探究要注意什么？等问题，本人及所带三届名师工作室团队，通过近十年的教学实践，包括对课题"高中数学新课改中教学方式的变革与传统经验的整合研究"和"高中数学学科教学知识（PCK）的案例研究"的研究，听了几千堂课及评课，提炼并撰写成十多篇有关局部探究的论文（内含二十多个探究案例或片段），发表在各类数学专业期刊．将这些内容做一次梳理与呈现，期望能给同行一个借鉴．

让局部探究成为数学课堂教学的常态

英国教育蜚声全球. 笔者曾几次走进英国课堂，感受到其教育的成功，也深刻体会到这种成功与探究、交流是分不开的. 毋庸置疑，这更有利于培养学生的创新意识及团队合作精神，它与新课标倡导的自主探索、动手实践、合作交流的教学方式不谋而合.

伴随着新课程的实施，我们中学数学的课堂教学在探究学习方面进行了有益的尝试，也取得了一定的成果. 但一线教师面临着教学任务的限制，升学的压力，如果经常采用探究、活动的方式，那么教学任务往往难以完成. 因此，将有意义的接受式学习与探究式学习进行合理整合、有机渗透，就显得十分必要与迫切. 探究要把握好一个"度"，对于大的探究活动，如球体积公式的推导等课题，往往需要整堂课，故一般一学期只能进行2—3次；而在日常的教学中，不妨让局部探究成为数学教学的常态. 以下为笔者及课题组同行的教学尝试与思考，供大家参考.

一、对概念的局部探究，有助于学生深化理解、迁移应用

在新授课中，离不开概念的教学. 概念的形成是概念教学的基础和重点，有时也成为一个难点. 建构主义教学观认为，数学知识不是简单地通过教师灌输到学生头脑中，必须基于个人对经验的操作、交流，通过反省来主动建构. 因此，在教学中，恰当地运用局部探究的方法，充分展示数学知识的形

成过程，让学生在体验中建构，不仅可以有效地突破概念教学的难点，而且可以更好地帮助学生深化对概念的理解，培养运用概念的意识和能力.

课例1 《数学》必修1中"函数的单调性".

函数的单调性是函数的重要性质. 其中增、减函数的概念是用形式化定义的，较为抽象，学生不易理解，对其运用也不利. 可以尝试师生一道探究定义的产生过程.

操作：第一步，给出具体函数，增加感性体验.

问题一：画出下列函数的简图，并说明函数值 y 随 x 的增大而怎样变化？

(1) $y = x^2$；(2) $y = \dfrac{1}{x} (x > 0)$.

学生练习后，教师从"形"的直观性对增函数和减函数做了定性描述.

第二步，教师提问、引导，学生思考、讨论.

问题二：如何从"数"的角度，对"函数值 y 随着 x 的增大而增大（或减小）的特征"给以具体地定量刻画呢？（大部分学生感到不太好回答，教师再明确如下）

问题三：函数（1）在 $[0, +\infty)$ 是增函数，你能举一些具体数据说明一下吗？

生：当 $x = 0$ 时，$y = 0$，当 $x = 1$ 时，$y = 1$，当 $x = 3$ 时，$y = 9$，….

师：这样的数据能列举完吗？用什么办法能解决好这个问题？

请学生先思考，再前后四人讨论1—2分钟（教师巡视）. 学生能逐步回答出：对任意的两个自变量 x_1、$x_2 \in [0, +\infty)$，当 $x_1 < x_2$ 时，有 $f(x_1) < f(x_2)$.

第三步，尝试定义、形成概念.

教师投影图形（如图 2 - 1 - 1、2 - 1 - 2 所示），让学生尝试定义：单调增函数、单调减函数，由2—3人回答、补充后，与书中定义对比.

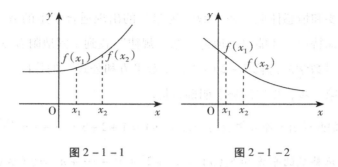

图 2 - 1 - 1　　　　　　　　图 2 - 1 - 2

评注： 对概念的形式化定义这一难点的局部探究，是通过设置由远及近的三个问题. 问题一通过给出两个已知的具体函数，既为函数的单调性起铺垫作用，又为学生创设直观情景，增加其感性体验；问题二是从"形"到"数"的一个转换，如何定量刻画呢？它给少数尖子生一个思维的空间，但大部分学生仍显得没有思路. 问题三则是让学生举例，无疑给全体学生搭建了一个脚手架，促其拾级而上. 学生通过自己的尝试或与同伴的交流，理解、明晰了概念的产生过程，为今后用函数单调性解决其他问题奠定了基础.

数学教材中有很多概念，其中不乏一些较难理解（或是重点）的，可以先创设一种学生熟悉的、直观的、易接受的情境（包括动手操作），让学生在提升兴趣的同时，增加感性体验；再通过精心提出一串相应的问题，给学生一定的时间先自主探究、合作讨论，再全班交流. 这样不仅能暴露概念的产生过程，引动学生探究的欲望，而且由于学生的参与和成功体验，往往能获得比较理想的效果.

二、对结论的局部探究，有助于学生拓宽思路、挖掘潜能

新授课中关于一些公式、法则、定理、推论一类的教学，我们不妨将其称之为结论教学. 这些结论是数学前辈不断探索的成果，如果仅让学生能够机械记忆、学会简单运用，显然不符合新课程"倡导探究"和"重过程"的理念. 新教材在这方面的编写已有较大的进步，一般是先提供一些实际背景、问题，然后概括出定理、公式等，但这个过程有时还显得比较简约. 为了使学生的思维活动能有效展开，要求教师对教材进行"再加工". 在结论教学中，运用局部探究的方法，让学生对"数学规律"作自主探索，充分满足学

生的心理需要和情感体验，使"数学规律"的出现适合学生的数学结构，符合他们的认知特点，才能更好地为"数学规律"找到牢固地附着点和生长点.

课例2 《数学》选修1－2中"正整数平方和公式"的片段.

操作： 第一步，提出问题、明确目标.

师：我们知道前 n 个正整数的和为 $S_1(n) = 1 + 2 + 3 + \cdots + n = \dfrac{n(n+1)}{2}$ ，那么，前 n 个正整数的平方和 $S_2(n) = 1^2 + 2^2 + 3^2 + \cdots + n^2 = ?$（从已知到未知的自然联想）

第二步，开始探究——以特殊化为起点.

师：不知道结果，怎么办？

生：试几个特殊值，寻找规律.

师：从特殊到一般，是什么推理？

生：归纳推理.

师：好，我们一起试试看.

表2－1－1　学生口算，老师板书

n	1	2	3	4	$\cdots$
$S_2(n)$	1	5	14	30	$\cdots$

学生算到 $n = 4$ 时，还没有发现规律.

第三步，转换角度探究——从前后联系中寻求.

师：由这些结果猜想确有困难，是否可以换个角度？从知识的前后联系中寻找.

有几位学生回答，由已知 $1 + 2 + 3 + \cdots + n = \dfrac{n(n+1)}{2}$ ，从结果类比猜想，得， $S_2(n) = \left[\dfrac{n(n+1)}{2}\right]^2$ 或 $S_2(n) = \dfrac{n^2(n^2+1)}{2}$. 但经过验证，其结果都是错误的.

当老师感觉到部分同学萌发灰心、退却之意时，就借助一种"1605"的农药名称，让学生意识到科研人员经过了第1605次实验才获得成功，从而体会到探究的艰辛.

师：刚才是从结果中猜测，能否从过程中寻求呢？

记 $S_1(n) = 1 + 2 + 3 + \cdots + n$，$S_2(n) = 1^2 + 2^2 + 3^2 + \cdots + n^2$．

表 2 - 1 - 2 师板书列表

n	1	2	3	4	5	$\cdots$	n
$S_1(n)$	1	3	6	10	15	$\cdots$	$\dfrac{n(n+1)}{2}$
$S_2(n)$	1	5	14	30	55	$\cdots$	?

师：求前几项的值，再进行比较．（老师巡视，发现学生的方法多样，作差、求和、求积、作商，还有错位比较，学生思维活跃）

表 2 - 1 - 3 一位同学口述，教师板书，在上表中添上一行数值

$\dfrac{S_2(n)}{S_1(n)}$	$\dfrac{3}{3}$	$\dfrac{5}{3}$	$\dfrac{7}{3}$	$\dfrac{9}{3}$	$\dfrac{11}{3}$	$\cdots$	$\dfrac{2n+1}{3}$

得 $S_2(n) = S_1(n) \cdot \dfrac{2n+1}{3} = \dfrac{n(n+1)(2n+1)}{6}$．

（成功的喜悦写在这组同学的脸色，不少同学有顿悟、豁然开朗的感觉）

师：作商虽然成功了，但它也只是一种归纳推理，是否正确，还需验证．尔后学生用演绎法验证其结论（略）．

评注：这是一次在教师引导下，学生模拟科学家探究未知领域的途径："发现、提出问题→分析问题（搜集、筛选）→解决问题（探索、猜想）→验证、反思→再尝试"的一次有益尝试．随着问题的深入，学生一直处于积极思考的状态中：联系旧知、思维转向、类比猜想．它有助于学生观察、归纳能力的形成，有助于其潜能的发掘和坚韧意志的培养．

对结论的局部探究，主要途径是让学生沿着数学家当时的"路线图"（知识发现、发生、发展的历程）探究、体验一番，让学生在思考、探究问题的过程中，掌握探究的方法，这对他们日后有所发现、有所创造（培养创新思维），一定大有裨益．

三、对习题的局部探究，有助于学生体验过程、感受乐趣

"问题是数学的心脏"（哈尔莫斯），学习数学的一个重要方面就是学习

解题. 激发学生对解题的兴趣,提高解题教学的效率,是值得研究的一个重要课题. 实践让我们深切地体会到:在解题教学中实施局部探究,通过对数学问题本质属性的挖掘和不同解法的探求以及各种变式的讨论,揭示数学知识间的内在联系,构建知识的有机整体,实现融会贯通和引申拓广,不但有助于学生体验探究过程,感受成功的乐趣,而且对于培养学生思维的变通性、灵活性、流畅性、深刻性、发散性和开放性等多种思维品质也是十分有益的.

课例 3 《数学》选修 2−1 习题课的例题:方程 $\sqrt{x^2 + (y+3)^2} - \sqrt{x^2 + (y-3)^2} = 4$ 表示什么曲线?

第一步,对习题解答的探究.

老师出示问题后,让学生先思考、动笔尝试,1 分多钟后请学生说. 课堂反馈:绝大部分学生在移项、平方、整理、再移项、再平方,运算量大,普遍感到很烦琐.

当学生确实感到困难时,老师才"出手"点拨.

师:请大家仔细观察方程左边的形式特点,它是用数学符号语言给出的,很简洁,你能把它转换成文字语言和图形语言吗?

生:其文字语言是,原方程可视为动点 (x,y) 到定点 $(0,-3)$ 的距离减去动点到定点 $(0,3)$ 的距离等于 4.

师:从这句话,你联想到什么?

生:双曲线的定义,它表示焦点在 y 轴的双曲线的上支,其方程:$\dfrac{y^2}{4} - \dfrac{x^2}{5} = 1(y \geqslant 2)$(图略).

第二步,对习题变式的探究.

师:请大家对题目进行一些变式探究,使之成为不同的曲线.

由两个组考虑提出问题,另两组回答问题.

变式 1 右边 4 改成 6,表示什么曲线?(一条射线)

变式 2 右边 4 改成 8(9、10、…),表示什么曲线?(无轨迹)

变式 3 左边减号改成加号,右边 4 改成 8,表示什么曲线?(焦点在 y 轴上的椭圆)

评注: 第一步,让学生进行 1 分多钟的思考和运算,其目的是让他们通过自身的尝试,对烦琐的过程有切身的体会,逼他们动脑子以寻求解决问题的优化. 尔后,老师不是直接给出巧妙的定义法,而是用一串启发式的提问,从观察形式入手,经过不同数学语言的转换、联想,学生自己得到巧法. 这样学生印象更深,效果更好. 这是一次观察、联想和转换的好机会,也是在老师的引导下,学生获得了一次成功的体验. 第二步,让学生参与问题的编拟,旨在给学生一次探究尝试的机会,促使他们发现问题、提出问题及解决问题,从而理解这类问题的实质,培养学生思维的灵活性及深刻性.

对习题解答的局部探究,一般是寻求解题突破口,进行一题多解的过程;对习题变式的探究,是一题多变的过程,它们都有利于学生思维的发散. 操作时应注意以下三点:

(1) 建立探究的氛围,给定时间思考后要求大家踊跃发言.

(2) 一题多解要侧重不同角度,之后要注意对比,寻求最优化的解答,评价探究的成败,这也是对解题策略的探究,是一个思维聚合的过程.

(3) 由于课堂的限时性,一题多变、一题多解都需要把握好探究的深度和广度,正所谓教之道在于"度".

四、对试卷讲评的局部探究,有助于学生寻求突破、知难而上

试卷讲评是高中数学教学的一种重要形式,是落实课程目标、解决学生困惑、提高教学质量的重要环节. 然而,我们经常会遇到这种情况:对于试卷中的某些难点、易错试题,尽管老师分析讲解得很清楚,而且反复提醒学生注意,但是学生还是难以掌握要领,运用时仍然出错. 如何解决这一问题呢?笔者以为,"局部探究"是一种行之有效的策略. 对学生在测试卷中反应出的难点、易错试题,可设置一个局部探究活动,与学生一道思考、探索,帮助学生寻求突破难点的途径,让学生在探究的过程中领悟与体验,在提高自身分析问题、解决问题能力的同时,培养学生勇于探索、知难而上的精神.

课例 4 高三试卷讲评课:2006 年无锡某重点高中模拟试卷选择题的压轴题.

题目 已知定义在 R 上的函数 $y = f(x)$ 满足 $f\left(x + \dfrac{3}{2}\right) = -f(x)$,且函数

$y = f\left(x - \dfrac{3}{4}\right)$ 为奇函数，则下列命题中错误的是(　　　)

A. 函数 $f(x)$ 的最小正周期是 3

B. 函数 $f(x)$ 的图象关于点 $\left(-\dfrac{3}{4}, 0\right)$ 对称

C. 函数 $f(x)$ 的图象关于 y 轴对称

D. 方程 $f(x) = 0$ 在区间 $[0, 2006]$ 上恰有 1336 个根

因这道试题的得分率不足 0.3，故在试卷讲评课上，老师与学生一道对该题进行重点分析、探究，以获得突破.

操作：第一步，分析失利原因.

先请几位学生回答问题所在，大致有以下几点：信息多，难以下手；对这类抽象函数且为综合运用的试题，看到就怕，瞎蒙了一个；能判断 A、B 的真假，但不会判断 C、D.

第二步，实施局部探究.

让学生根据自身情况，可以是独立思考，也可以是前后四人合作讨论，最后全班交流，总结探究的结果，如下：

解法 1（逐个筛选，并结合图形）由 $f\left(x + \dfrac{3}{2}\right) = -f(x)$ 得 $f(x + 3) = f(x)$，故 A 为真；因函数 $y = f\left(x - \dfrac{3}{4}\right)$ 为奇函数，其图象关于原点 O 对称，将 $y = f\left(x - \dfrac{3}{4}\right)$ 图象向左平移 $\dfrac{3}{4}$ 个单位，得到 $y = f(x)$，所以函数 $y = f(x)$ 关于点 $\left(-\dfrac{3}{4}, 0\right)$ 对称，B 为真；对 C，尝试画图、判断，为真，证明从略. 故选择 D.

其实，对 D，由 A、B、C，画出图形，可以得出在区间 $[0, 2006]$ 上有 $668 \times 2 + 1$（头）$+ 1$（尾）$= 1338$ 个根.

解法 2（构造函数）由题意构造 $f(x) = \sin(\omega x + \varphi) + k$，因 $y = f(x)$ 的最小正周期是 3，

$$\therefore \dfrac{2\pi}{\omega} = 3.$$

$\because\ y = f\left(x - \dfrac{3}{4}\right)$ 为奇函数，

$\therefore\ f\left(-x - \dfrac{3}{4}\right) = -f\left(x - \dfrac{3}{4}\right).$

$\therefore\ \sin\left[\dfrac{2\pi}{3}\left(-x - \dfrac{3}{4}\right) + \varphi\right] + k = -\sin\left[\dfrac{2\pi}{3}\left(x - \dfrac{3}{4}\right) + \varphi\right] - k,$

$\therefore\ k = 0,\ 2\cos\varphi\cos\dfrac{2\pi}{3} = 0\quad$ 得 $\varphi = \dfrac{\pi}{2},$

$\therefore\ f(x) = \cos\dfrac{2\pi}{3}x,$ 易得 A、B、C 为真，D 为假.

第三步，反思小结.

解决这类问题的一般方法：排除法、图象法及构造法.

评注：解法 1 结合图形逐个筛选，不少学生能想到；解法 2 构造一个函数，对学生而言是一个难点，也是一次挑战，但对于学生创新思维的培养极其有利. 虽然当时授课班级也仅三、四位学生能联想到，而教师抓住这一极好的素材，追问其是怎么想到三角函数的，一位学生的回答"因选择同时含有周期、对称中心、对称轴及零点（实根），而正弦函数同时兼备这些，由此获得联想"，给全班同学的启发很大，教师追问：用余弦函数行吗？得到的回答是肯定的. 构造函数后，学生依据条件再待定系数、再排除、再判断，探究得解. 然后，教师要大家把构造"余弦型函数"作为课内当堂练习（结果略）.

对于试卷中难点试题，从分析失利开始，经过大家集思广益的局部探究，获得解决这类问题的通法. 教师既教给学生"突破"的方法，也让学生通过自身的参与、与同伴的合作，获得了成功或局部成功的体验. 从课堂反馈：学生已经逐步在心理上战胜这类难题，这是非常可喜的！而更重要的是，教师善于让这些少数学生思维的"星星之火"，去影响、辐射课堂，试想，有量的不断积累，必能有质的飞跃——燎原到整个班级.

综上可知，局部探究小巧、灵活，容易操作，学生乐学. 当然还可以在复习课上，对构建知识网络进行局部探究，以避免"炒冷饭"带来的枯燥乏味，让旧知焕发出新的活力，给学生以新颖、兴奋之感；还可以选择学生易错的或普遍存在的问题，实施对比探究；或是选择那些长期以来感到用传统方式教学效果不太理想的课题，变革一下教学方式，如对几何图形问题，若能借助"几何画板"或图形计算器来探求，不仅形象、直观、节省探究时间，还有助于学生对问题实质的理解．当然，作为平衡，就需要适当减少一些重复训练的试题以腾出时间，对教师设计的要求也更高．相信经过一段时间的尝试和积累，使局部探究成为我们数学课堂的常态，成为有意义接受式学习的有益补充，那么，课堂氛围的活跃、学生创新思维的激发，最终受益的又岂止是学生！

对数学概念形成过程实施局部探究的实践与思考

　　数学概念是进行数学推理、判断、证明的依据，是建立数学定理、法则、公式的基础，也是形成数学思想方法的出发点，数学概念的建立是解决数学问题的前提，因此，数学概念的教学在数学教学中有着重要的地位．反观某些数学课堂，不注意概念的引入，对定义的表述一掠而过，只重概念的应用，匆匆转入练习．以至于学生对概念缺乏从感性到理性的认识，只习得一些具体解题技能，难以形成数学能力；另外，由于新概念的引入没能以学生原有认知结构为基础，又没有大量实例揭露概念的关键特征，因此新概念不能较好地纳入到认知结构中，缺乏系统化，不仅记忆难以长期保持，而且不利于知识的迁移应用，不利于思维能力的提高．实践表明：概念的引入是概念形成过程中重要的一环，是概念教学的基础和重点，有时也成为一个难点．

　　新课标倡导自主探索、动手实践、合作交流的教学方式．在日常数学教学中，由于课堂的限时性，我们常选用局部探究的形式，即根据教材的特点，围绕某个小专题或某一问题，选好1—2个探究点，从一堂课中拿出5—15分钟，在教师的组织、引导下，让学生用自我探究与合作交流的方式学习．对概念的引入实施局部探究，可以充分展示概念的形成过程，能有效突破概念教学的难点、强化重点．以下对我校"PCK"课题研讨的两个概念教学的片段进行分析、思考，供同行参考．

23

一、通过"问题驱动+合作、交流",实施局部探究

课例1 数学必修2"二面角的平面角"的概念.

(一)对概念的简要分析

"二面角及其平面角"的概念是立体几何的重要概念,其中"二面角的平面角"的定义是难点. 苏教版教材是通过卫星、笔记本电脑引出"二面角"的概念,让学生感受科学的力量,学生也很容易理解. 而在给出棱、面的定义和记法之后,以笔记本电脑打开时,感到两个面所构成的二面角在变化,提出问题:如何刻画这个二面角的大小呢?观察:随着张口的增大,∠MAN 逐渐增大(如图2-2-1所示),当二面角确定时,∠MAN 也随之确定,故可用∠MAN 度量二面角. 由此得出二面角的平面角的定义:一般地,以二面角的棱上任意一点为端点,在两个面内分别作垂直于棱的两条射线,这两条射线所成的角叫作**二面角的平面角**.

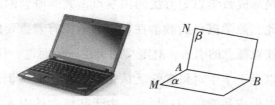

图2-2-1

上述对"二面角的平面角"概念的处理很简约,因笔记本的张开逐渐变大,学生对于问题一"有了二面角,为什么还要研究二面角的平面角?"理解是不困难的,但对于问题二"怎么想到这样来定义二面角的平面角的?"心存疑惑,对于从笔记本模型,直接过渡到∠MAN,AM⊥AB,AN⊥AB,学生感到有点突然,不利于学生形成"二面角的平面角"的概念,蕴含的思维资源没能很好地挖掘,不免有些遗憾!

鉴于此,需要我们对教材进行"再加工",对"二面角的平面角"的概念设置一个局部探究的过程.

(二)对概念实施局部探究

第一步,创设情境,提出问题,明确目标.

教师把笔记本电脑缓缓打开，边操作，边提问：大家是否感觉到这两个面所组成的二面角在逐渐变——（大），停止到如图2-2-2所示的位置，提出问题：这个二面角是多大？如何刻画一个二面角的大小呢？

图2-2-2

第二步，师生对话探究，解决问题1"为什么要研究二面角的平面角？"

教师再翻开一本书到某一位置（与笔记本展开的角相当），问学生：这本书张开的角与笔记本电脑展开的角哪一个较大？何以见得？

生A：需要量一量！

师：如何度量一个空间角呢？（略为停顿）前面有没有这样的先例？

生B：可以转化为平面角；前面学习过异面直线所成的角、斜线与平面所成的角．

师：你说说看，这两种空间角是如何定义的？

生B：异面直线所成的角是通过平移，转化为两条相交直线所成的锐角或直角，而斜线与平面所成的角是指斜线和斜线在平面内的射影所成的锐角．

师（追问）：为什么要用"和射影所成的角"来定义斜线与平面所成的角？

生B：因为和射影所成的角是最小的，是确定的．

师：很好！确定的，在这里也是唯一的，所以定义是合理的．因此，对于二面角的大小，需要用一个确定的平面角去刻画、去度量．

第三步，小组合作探究，解决问题二"怎么想到这样来定义二面角的平面角的？"

师：哪一个平面角可以承担这一重任呢？这样的平面角有几个？是否唯一？

教师见有些同学面露难色，则投影出一组提示性的问题：

（1）考虑角的两条射线落在什么位置？在某一个半平面上行吗？

（2）角的顶点应该落在什么位置？

（3）具体的，这两条射线该如何放置，才能合理地刻画这个二面角呢？请大家试一试，前后四人一组讨论一下.

小组合作显示：对于问题（1）（2）比较容易达成共识：即两条射线落在两个平面上，端点落在棱上. 而对于问题（3），学生在尝试画图的过程中，有几个小组发现结论，教师遂请小组代表发言.

生 C：在棱 AB 上取一点 P，在两个半平面内作两条射线 PE，PF，使得 $PE \perp AB$，$PF \perp AB$，这两条射线组成的角 $\angle EPF$ 是确定的，可以刻画二面角的大小（如图 $2-2-3$ 所示）.

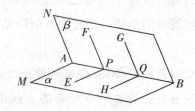

图 $2-2-3$

生 D（反问）：何以见得 $\angle EPF$ 是确定的？

生 C：在棱上另取一点 Q，同样在两个面内分别引棱的垂线 QH，QG，…

生：（不少人）哦！发出赞叹声！

生 C（得意）：大家都知道啦！原因是…

生：（大家齐声）等——角——定——理.

师：这两个角是相等的，所以 $\angle EPF$ 是确定的，也就是这个平面角只与二面角 AB 的大小有关，与点 P 在棱 AB 上的位置无关. 其实，这种二面角的平面角的操作也很方便.

如果把这个角定义为二面角的平面角，大家有意见吗？

生：（大家齐声）没—意—见！

第四步，学生归纳"二面角的平面角"的定义，解决初始问题.

师：哪位同学给"二面角的平面角"下一个完整的定义？

生 E 答，生 F 补充、完善（略）．

师：二面角是个空间角，它的大小可以用平面角来度量．对于讲台上的这台笔记本，哪位同学能说出二面角的平面角是哪一个？

不少同学都在指指、点点，指着笔记本左端（或右端）的相邻两条边沿所成的角．

师：为什么？

生 G：因为正方形邻边互相垂直，满足二面角的平面角的定义．

师：如果量出这个角是 72°，请问笔记本张开的这个二面角是多少度？

生（齐答）：72°．

师：这种把空间角转化为平面角，体现了降维、转化的思想，是立体几何中最基本的思想方法．

师：弄清了二面角的平面角的含义，请大家思考一下，二面角的平面角的取值范围如何？

生 H 说、生 I 补充得：0°、90°、180°，锐角、钝角都可以，因此二面角的范围是 $[0, \pi]$．

（三）局部探究后评说

以上对"二面角的平面角"的概念进行了一次局部探究，主要是通过问题驱动，并辅助于对话、合作交流完成的．第一步，创设情境，提出问题"如何刻画二面角的大小？"是为了明确研究目标；第二步，通过"把空间角转化到平面角，有没有先例"这一问题，不仅是为了复习旧知，更重要的是给学生一个类比、发现的提醒（最小角、唯一性），为解决问题二作铺垫，便于有效合理地利用思维资源，同时体现"降维、转化"的重要思想；第三步，因问题二是难点，先提出"哪一个平面角可以承担这一重任呢？"的问题，教师发现同学面露难色，则提出一组带提示性的 3 个问题．问题二和后三个小问题之间组成的"问题串"，是运用由远及近、由指向不明到指向逐步明朗的"分级提问"来促使不同层次学生的思考，使每一位学生的思维得到不同程度的激活．对于个别问题有困难，则安排分组讨论，旨在借助同学之间的相互探讨、提醒，让学生的智慧在这里产生碰撞．其中学生的质疑、小组代表的回答，既复习了"等角定理"，又让学生对定义合理性达成了共识；第四步，请学生给"二面角的平面角"下定义，是水到渠成，同时呼应了初始问题；之后在弄清"二面角的平面角"内涵的基础上，议一议，得出二面角的外延（范围）．

二、通过"尝试演示＋类比、对话"，实施局部探究

课例2　数学选修1"双曲线的定义"．

（一）对概念的简要分析

对于"圆锥曲线"一章，苏教版教材是按"先整体再局部"的思路，先介绍"2.1圆锥曲线"，由一个平面截一个圆锥面，得到不同的曲线，遂定义椭圆、双曲线、抛物线等，然后再分别学习椭圆、双曲线和抛物线的方程、性质．教学实践表明：这样处理，因第一堂课时间太紧，不利于这些曲线概念的形成．因此，将它调整为先具体曲线（椭圆、双曲线、抛物线），后整体圆锥曲线的思路．"双曲线定义"是在学习了椭圆之后研究的，蕴含着丰富的思维资源有待挖掘，可组织一次局部探究．

（二）对概念实施局部探究

第一步，教师提出问题，学生思考、探索（新）动点的轨迹．

师：前面我们曾研究了椭圆，请大家回忆一下，椭圆是怎样定义的？

生：平面内与两个定点 F_1，F_2 的距离之和等于常数（大于 $|F_1F_2|$）的点的轨迹叫作椭圆，这两个定点叫作椭圆的焦点，两焦点的距离叫作椭圆的焦距．

师：很好！请同学们想一想，如果把"和"改为"差"，动点的轨迹又是什么呢？

学生思考，教师巡视，部分学生在画草图尝试，教师及时给予肯定．

课堂反馈：不少同学从特殊化入手，发现了当动点 M 与两个定点 F_1，F_2 共线且常数＝$|F_1F_2|$ 时，轨迹为两条射线，当动点 M 与两个定点 F_1，F_2 不共线时，感觉是曲线，但又不清楚具体是什么曲线．（陷入困惑）

第二步，教师拉链演示，学生类比、建构双曲线定义．

28

教师用一条事先准备好的拉链钉在木条上，拉链拉开画出曲线时，MF_1 与 MF_2 增加的长度相同，观察此时点 M 的轨迹是什么？教师左右交换演示.

生（大部分）：是双曲线.

师：哪位同学来描述一下点 M 满足什么条件？

生 A：$|MF_1|-|MF_2|$ 为定值，$|MF_2|-|MF_1|$ 也为定值.

教师用《几何画板》演示，请大家仔细观察动点的轨迹图形.

师：类比椭圆，哪位同学尝试给双曲线下一个定义.

生 B：…（略）.

第三步，教师引领对话，学生完善、理解双曲线的定义.

师：对刚才学生 B 的回答，哪位同学要补充？

生 C：漏掉了常数应满足"小于 $|F_1F_2|$"这个条件. 通过画图我得出了当常数等于 $|F_1F_2|$ 时，轨迹是两条射线；而当常数大于 $|F_1F_2|$ 时，无轨迹.

生 D（质疑）：为什么没有轨迹？

生 C：两边之和小于第三边嘛！（大家在频频点头）

师：精彩！

师（追问）：请大家观察图形，再反思：还有其他情形吗？

同学 E 站起来问：当常数等于零时，轨迹是什么？

生 F：是线段 F_1F_2 的垂直平分线.

师（评价）：同学 E 问得太好了！你有一双慧眼，这种特殊情形，也逃不过你的眼睛！

师：因此，这个常数应满足什么条件？

生（齐答）：应该是小于 $|F_1F_2|$ 的正数.

师（强调）：这个条件非常重要. 哪位同学能完整表述双曲线的定义？

学生归纳，教师投影（略）.

然后，学生类比椭圆，得出双曲线的焦点、焦距等相关概念.

（三）局部探究后评说

由上不难发现，对"到两个定点的距离之差的动点轨迹是什么？"这一未知曲线的探求，是一个局部探究的过程. 第一步，教师依次提出两个问题，

让学生回顾椭圆定义并思考：把"和"改"差"后新的动点的轨迹如何？学生通过画草图尝试，有点眉目，但又说不清。第二步，在学生遇到困难时，教师启用拉链，再利用《几何画板》，直观的教具操作，加之动态的画板演示，让学生看清了双曲线的形成过程，同时激发学生探究的兴趣和求知欲；然后让学生类比椭圆，初步得出双曲线的定义，以此训练学生知识、方法的迁移；第三步，因为双曲线定义比椭圆定义要复杂一些，为了让学生领悟到这一点，教师不是通过说教，而是机智地启发学生、引出对话，学生 C 的补充：漏掉"小于 $|F_1F_2|$"的条件，是缘于部分学生已经会进行方法的类比迁移，由椭圆的常数有限制条件，类比、猜想出双曲线也应有。再然后，教师的追问：还有其他情形吗？引领学生借助图形，追问深究，对常数应满足条件的一些"退化"情形进行分析，经过交流、质疑与补充，完善了双曲线的定义。

三、对概念的形成过程实施局部探究的几点思考

美国教育家布鲁纳指出：学习是一种过程，而不（仅）是结果。上述两个课例的局部探究主要是通过精心预设系列问题，运用动手操作、演示、对话、合作、评价等方式，让学生经历观察、思考、尝试、归纳、类比、质疑，以及分析、综合、抽象等活动过程，不仅有助于学生概念的形成、深化理解和迁移应用，更重要的是让学生通过亲身参与、成功体验，有助于培养学生思维的全面性、深刻性、批判性和创造性，有助于弥补学生的质疑缺失。上述课例为今后更好地实施局部探究，提供了如下方法论的启示：

（1）对概念的形成过程实施局部探究，往往离不开问题，其重要的标准，一是提出的问题要能引发学生积极思考和探究热情，二是提出的问题要符合学生认知的"最近发展区"，具有层次性，三要有利于激发学生的学习兴趣。侧重以问题驱动实施局部探究的概念有很多，如函数单调性的定义、函数的零点、直线的斜率、数列等。

（2）对概念的形成过程实施局部探究，往往伴随着尝试、特殊化、类比推理等。尝试、特殊化是局部探究的先行者，类比推理能启迪人们思维，是局部探究的助推器，是数学发现、发明的主要源泉。许多数学概念，如等比

数列、对数函数、双曲线、抛物线的定义等，都可以用类比获得．但类比是否为真，需逻辑论证．

（3）对概念的形成过程实施局部探究，常常需要借助动手操作、演示，在"做中学"，有助于学生理解数学．立体几何中的异面直线，线面平行、垂直，面面平行、垂直，点面、线面、面面距离等许多概念，都可以借助于实验、演示、操作以及不同数学语言间的转化形成．当然，代数、三角分支中也不乏这方面的概念．

（4）对概念的形成过程实施局部探究的操作，往往是通过独立思考、对话及合作讨论实施的，在思考和对话中，教师要对学生适时地引导、点拨、追问，以化解探究活动中的障碍，促进局部探究的顺利实施；在小组合作讨论前，要提出针对性的问题，明确目标，组内合作与分工相结合．这样既有益于同伴之间的思维碰撞，也有益于培养学生的概括能力．

可见，实施局部探究也是将学科知识转化为教学知识（PCK）的重要途径．为了提升教学的有效性，在教学预设时，需要把握不同概念的特点，选取合适的探究形式，也可能是几种探究形式的综合，但需控制好时间．

（5）质疑意识是中学生普遍缺失的，在某些课堂，师讲、生听，师问、生答的现象大量存在，学生成天忙于应付作业，鲜有自己的想法，亟待我们的教师为他们补上"质疑"这一课！课例中的反问："何以见得$\angle EPF$是确定的？""为什么没有轨迹？"学生问得好！课例中教师一句"哪位同学要补充？""还有其他情形吗？"教师提醒得很到位！在培养学生质疑意识、完善认知结构方面，上述课例已迈出成功的一步．同时，对概念的来龙去脉也进行了局部探究，这种返璞归真的教学方式可以影响学生的学习方式，有助于学生养成严谨、务实的良好习惯，这正是新课改所期盼的．

在初中概念引入中实施"局部探究"的实践

数学概念是进行数学推理、判断、证明的依据，是建立数学定理、法则、公式的基础，概念课是新授课的主要内容之一. 反观我们的概念教学，有不少是先定义概念，再理解概念及应用概念，有的概念学生感觉很突然，不知为什么要学习这个概念，处在一种被动接受的状态，教学效果往往差强人意. 实践证明，如果能尝试在概念的引入环节进行局部探究，即根据教材的特点，围绕某一概念或某一小专题，选好 1—2 个探究点，从一堂课中拿出 5—15 分钟，在教师的组织、引导下，让学生用自我探究与合作交流的方式学习，则可以收到较好的教学效果. 以下通过初中数学代数、几何、统计三个课例，谈谈我们对实施局部探究的操作体会.

一、通过"数学实验"实施局部探究

课例1 "无理数"的概念教学

（一）概念的简要分析

苏科版八年级（上）教材在"无理数"的概念引入时，直接问：$\sqrt{2}$ 是怎样的一个数？是整数吗？是分数吗？取几个整数和分数验证它不可能是整数也找不到一个分数的平方等于 2. 然后，直接说 $\sqrt{2}$ 是一个无限不循环小数，无限不循环小数称为无理数. $\sqrt{3}$、$\sqrt{5}$、$\sqrt[3]{2}$ 等都是无限不循环小数. 劈头提问，能引起学生的注意，但之后的操作略显粗糙、简单化，学生只是从结构形式上识别无理数，而对无理数的本质属性缺乏感悟，难以灵活运用. 《课程标准》要求教师引导学生从已有的知识背景和活动经验出发，提供操作、思考、交流的机会，让学生经历观察、实验、猜测、交流、反思等过程，在增加感性认识的基础上，帮助学生形成数学概念，可以设置一个数学实验，进行探究.

（二）对概念实施局部探究

第一步，开展数学实验

实验准备：课前让学生准备一把剪刀、两张同样大小的正方形纸片（边长视为1）、计算器.

实验要求：

（1）让学生利用这些工具剪拼出面积为2的正方形.

（2）利用计算器探求$\sqrt{2}$的小数部分.

实验结果：本实验拼图对学生来说比较容易，通过动手操作、班级交流，全班一致认为最容易、最美观的拼图如图2-2-4所示.

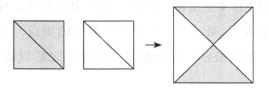

图2-2-4

第二步，观察拼图，提问：拼得的正方形边长是多少？估计$\sqrt{2}$的值在哪两个整数之间？$\sqrt{2}$能用分数表示吗？

第三步，实验反馈. 对于图2-2-4，根据算术平方根的概念，学生马上说出正方形的边长是$\sqrt{2}$，接下来教师再引导学生用计算器探求$\sqrt{2}$的小数部分：

（1）试输入一个大于1小于2的数，如果平方的结果比2大，如何调整？结果比2小呢？

（2）通过实验，猜想我们能否找到一个有限小数，使它的平方等于2？从而引导学生体验$\sqrt{2}=1.4142\cdots$是一个无限不循环小数，由此引出"无理数"的概念.

评注：实践表明，通过动手操作实验和对结果的展示，学生不仅能切身感受到有理数外还有一类数，加深对无理数概念的理解，而且通过对概念的形成过程，对问题发现、解决过程的猜想、验证等实验探究，拓宽了学生的思维视角，增强了学生的合作意识，同时使学生从中获得成功的体验.

二、通过"问题驱动"实施局部探究

课例2 "三角形的三条重要线段"的概念教学（略）

三、通过"对话引导"实施局部探究

课例3 "方差"的概念教学

（一）概念的简要分析

苏科版九年级（上）"2.2方差与标准差"一课，其中"方差"是本课也是数据统计学中的一个重要概念. 不同的概念，其处理方式也有所不同：数据的"波动性"，是通过呈现平均数相同而稳定性差异较大的两组数据，画出散点图形，让学生形象感受和理解；"极差"比较简单，可以直接定义"极差＝最大值－最小值"；而"方差"概念是教学的难点，当然，首先要打好"数据的波动性"和"极差"两个概念的基础，之后设置一个局部探究的过程.

（二）对概念实施局部探究

师：上节课我们已经学习了极差，知道极差可以反映数据的波动性，但极差有很大的局限性——它只用到最大值与最小值，不够全面. 那么，有没有一个量，能够全面反映一组数据的波动性呢？

（由于局限性，需要我们寻求更合适的概念. 该问题让初中学生独立解决是不现实的，但可以促使学生思考，之后，教师再引导）

师：数据在平均数上、下波动，距离平均数越远，波动越……

学生（齐声）：大！

师：所以，我们可以用每个数与平均数的差来表示数据的波动，我们把这个"差"称为这个数据的"离差"；

师：要考虑第一组数据的整体波动，可以把每个"离差"都相加，但相

加的结果如何呢？（学生尝试）

生1：发现正负相抵.

师：如何避免正负相抵呢？

生2：把每个离差都加上绝对值，再相加.

师：为了避免样本容量的影响，应该求它的平均数.（老师在黑板上板演）

师：在推理运算中，绝对值往往需要讨论，比较麻烦，所以一般不用绝对值. 但又要保证非负，怎么办呢？（这个问题学生是不易想到的，老师可以作必要的启发）

师：我们学过哪些非负数形式？选择哪一种方式更恰当？

生3：把绝对值转换为平方.

师：太棒了！这样，我们就得到了一个既反映数据波动，又比较易于计算的概念，因为它把反映每个数据波动性的偏差进行平方，我们就称之为"方差".

评注：本课例，通过设计出既符合学生实际，且比较自然的问题，通过师生的对话，引导学生实施局部探究. 先引导学生认识极差的局限性，再让学生亲身尝试、参与选择，理解"方差"公式的合理性，追求操作的简便性. 使得学生不仅会算，还知道为什么这样算（理解方差不是唯一的选择，而是最合适的选择），更重要的是，让学生经历了"方差"概念的发生、发展的形成过程，有益于提升学生的思维能力.

列夫托尔斯泰曾说："知识，只有当它靠积极的思维得来，而不是凭死记硬背得来的时候，才是真正的知识." 初中数学课堂教学对概念实施局部探究，正是要求在概念的教学中注重知识的形成，训练学生的思维. 局部探究的操作，一是要设计合理的问题（最近发展区、富有启发性等）；二是要选择合理的途径（对话互动、动手操作、实验探究等），让学生亲身经历观察、猜想、交流和反思的过程，在加深感性认识的基础上，形成数学概念，并获得探究成功的体验.

精心设置"问题串"，意义建构"结论"

高中新教材人教版主编章建跃先生归纳了我国数学教学存在的五个主要问题：

第一，数学教学不自然、强加于人，对学生数学学习的兴趣与内部动机产生不利影响；

第二，缺乏问题意识，不利于学生创新精神和实践能力的培养；

第三，重结果轻过程……反思中学数学课堂，能否在淡化应试、注重培养思维能力方面打好基础，为培养顶尖人才作好储备呢？

数学新授课中关于公式、法则、定理、推论一类的教学，我们不妨称之为结论教学．目前在结论教学中，不少教师重结论的应用，轻结论的形成，弱化了思维训练．但从本质上看，数学教学是思维活动的教学，而数学思维活动又集中表现为提出问题和解决问题的过程．如何选择切入点？近年来的教学实践表明，在结论的导入环节设置"问题"，以问题驱动，激活学生的思维，这或许是改变章先生前三个问题的有效途径．

一、通过联系旧知，用"问题串"导入，使学生在"愤""悱"状态下学习"结论"

为了充分暴露数学思维过程，就应该把促使数学发现活动的初始问题选为教学的起点．一般而言，新知的学习往往在旧知的基础上进行，学生对接受新知不是一张白纸，所以可以把新知与旧知的联结点设为初始问题，创设某种问题情境，使学生进入"愤""悱"的状态，为学生的思维活动提供一个好的切入口. 因此，从某种意义上说，设计好初始问题，就从根本上设计好了一节课.

案例 1　高中必修 4 "同角三角函数的关系"的教学导入

教材与学情分析：本课的教学内容是推导"$\sin^2 \alpha + \cos^2 \alpha = 1$ 和 $\tan \alpha = \frac{\sin \alpha}{\cos \alpha}$"这两个关系式以及数学应用（求值、化简和证明）. 我们设计的侧重点是结论的形成过程，这两个结论的导入问题就是整堂课的初始问题. 怎样设计呢？由于学生在初中已熟悉了特殊角 30°、45°、60°的三角函数值，之后又学习了任意角的三角函数的概念和三角函数线等知识，此结论从三角函数定义出发是容易解决的，但其思维要求偏低. 我们觉得对于某些思维含量不高的内容，应在问题导入中增加思维含量，可设计以下"问题串"：

（1）是否存在角 α，使得 $\sin \alpha = \frac{1}{2}$，$\cos \alpha = \frac{\sqrt{3}}{2}$？

（2）是否存在角 α，使得 $\sin \alpha = \frac{4}{5}$，$\cos \alpha = \frac{1}{5}$？

（学生思考，回答）

（3）$\sin \alpha$ 与 $\cos \alpha$ 有什么关系？$\tan \alpha$ 与 $\sin \alpha$，$\cos \alpha$ 又有什么关系？（学生思考）

然后再引导学生复习回顾：任意角的三角函数定义：$\sin \alpha = \frac{y}{r}$，$\cos \alpha = \frac{x}{r}r$，$\tan \alpha = \frac{y}{x}$…

说明：该方案用"问题串"导入，让学生尝试解决. 问题（1）是从学生最熟悉的特殊角 30°入手，让学生在联想旧知后，找到 $\alpha = 30°$；问题（2）设置了疑惑点，在一所三星级高中的班上有少数"尖子"能说出不存在，因 1、4、5 不能构成三角形的三边，反映出这些同学对直角三角形的勾股数很熟悉；问题（3）是问题（1）（2）的一般情形，点出本课的主题，学生带着疑惑"到底是怎样的关系呢？"进入"愤""悱"状态，急于想知道谜底，遂产生了学习的动力. 再来回顾旧知——任意角三角函数的定义，观察发现：可以通过平方解决.

对结论教学的导入，是问题导入（如上例），还是从复习旧知导入，或是从多铺垫导入，主要的差别在于思维含量. 我们在新旧知识的联结点上设计"问题串"，要考虑学生的认知水平，在"最近发展区"内着力发掘.

二、通过联系实际，用"问题串"导入，激发学生探索"结论"的兴趣和热情

数学来源于生活，在教学活动中，如果我们能根据结论的特点，联系生活实际，从生活中挖掘、提炼素材，寻求"激趣"元素，用"问题串"导入，可以激发学生的探索兴趣. 而学习兴趣对于学生思维的提升和教学的有效性是显而易见的. 另外，从某些课堂反馈，学生在被动地跟着老师回答这个、操作那个，是在一种盲目的状态下学习，目标不清，其效率自然低下. 如何改变呢？可以尝试在学习结论前，围绕"为什么要学习结论"设计"问题串"，让学生理解学习结论的必要性，从而进入自觉学习状态.

案例 2 选修 2-3 中 1.5"二项式定理"的导入

教材与学情分析：教材是从学生熟悉的 $(a+b)^2$ 的展开式以及 $(a+b)^3$、$(a+b)^4$ 的展开式，提出问题：你能写出 $(a+b)^n (n \in \mathbf{N}^*)$ 的展开式吗？研究的目标比较明确！可见，新教材已经关注了问题引入，但显得较为简约."用教材教"促使我们思考，能否针对这一目标提出一个为学生所熟悉的实际问题，让他们在问题情境中去探索、交流呢？

问题一：今天是星期三，那么过 8^{20} 天后的那一天是星期几？

让学生先独立思考或展开相互交流、讨论，再请代表回答. 可能有以下几种思路：

(1) 使用计算器，但一般计算器难以表达这个天文数字.

(2) 借助计算机，但需设计程序.

（3）因一个星期为 7 天，只要看这个数被 7 除余几．

简单讨论后，大家达成共识：不一定要求出该天文数字，只要将它转化成被 7 除余几的数学问题即可，因 $8^{20} = (7+1)^{20}$，猜想：被 7 除的余数为多少呢？

学生凭直觉，可能是 1，但不知道结论是否正确．

问题二：我们一道来研究二项式 $(a+b)^n$ 的展开式，看它如何构成？（略停片刻）

问题三：面对一个一般情形的困难问题，我们将如何处理呢？

生：特殊化，从特殊到一般．

师：好的！我们就从 $n = 2$ 开始吧，观察 $(a+b)^2$、$(a+b)^3$ 的展开式：

$(a+b)^2 = a^2 + 2ab + b^2$，

$(a+b)^3 = a^3 + 3a^2b + 3ab^2 + b^3$．

让学生找出每一项的构成，并归纳出各项字母与系数的特征……

解决起始问题，前后呼应．

说明：问题一是学生很熟悉的问题情境，一方面，能激发学生探索的欲望和兴趣，为了回答学习二项式定理的必要性．另一方面，该问题具有一定的挑战性，学生一时又难以解答，使他们带着悬念和期盼投入探索之中．问题二是为了明确本堂课的教学目标；问题三可促使学生思考解决问题的常用方法，这是从问题解决的需要及方法论的角度精心设计的一组"问题串"．

三、通过实验操作，用"问题串"导入，使学生在认知冲突中体验"结论"的形成过程

数学实验操作包括动手画图、裁剪、计算、媒体演示等，在教学预设中，应根据结论的特点，安排学生进行实验操作，从中提炼并形成"问题串"，这是学习、获取结论的重要手段．

案例 3 "直线与平面垂直的判断定理"的导入

教材与学情分析：在学习线面垂直的判断定理之前，已学习了线面垂直

的定义，因此线面垂直的判定定理就不是本课的一个初始问题，而是有待进一步研究的问题. 对于该定理，苏教版教材采用的是操作确认，用一张矩形纸片对折后展开，竖立在桌面上，观察到折痕与桌面垂直；再用旗杆从两个不同方向进行验证，得到判定定理. 学生也能理解，但其思维要求较低. 可考虑设置"问题串".

问题一： 如图 2 - 2 - 5 所示，一根旗杆与地面垂直，如何进行检验？

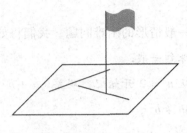

图 2 - 2 - 5

说明： 该问题是为了回答学生的疑问："为什么有了定义还要研究判定？"而设置的过渡问题. 学生思考后感到若用定义检验不方便，那用什么办法呢？教者巧妙设置了思维障碍，让学生经历思维上的挫折，引发认知冲突，促使学生积极探索判定方法，思考的方向是将平面内的直线条数从"无限"转化为"有限". 教师接着问：在地面上至少需要几条？一条？两条？对两条是否平行？学生有不同观点在碰撞……

考虑到初中学生已经有大量的折纸操作，因此，可以设置实验操作情境：请大家拿出准备好的三角形纸片，一起做实验：如图 2 - 2 - 6 所示，过 △ABC 的顶点 A 翻折纸片，得到折痕 AD，将翻折后的纸片竖起放置在桌面上（BD，DC 与桌面接触）.

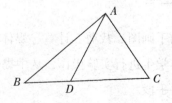

图 2 - 2 - 6

问题二：如图 2 - 2 - 7 所示，折痕 AD 与桌面垂直吗？如何翻折才能使 AD 与桌面所在平面垂直？

说明：通过折纸活动让学生发现，当且仅当折痕是 BC 边的高时，所在直线 AD 与桌面所在平面垂直，如图 2 - 2 - 7 所示. 让学生沿 A 点进行各种翻折，充分观察、思考与讨论，教师参与其中.

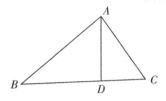

图 2 - 2 - 7

问题三：（反面思考）当折痕 AD 与 BC 不垂直时，绕 AD 无论怎样翻折，翻折后始终与桌面所在平面不垂直吗？为什么？

说明：明确判定一条直线与一个平面不垂直，只要该直线与平面内的一条直线不垂直即可，这是回归定义的分析.

问题四：如图 2 - 2 - 8 所示，当折痕 $AD \perp BC$ 时，绕 AD 无论怎样翻折，翻折之后的垂直关系 $AD \perp BD$，$AD \perp CD$ 是否发生变化？由此能得到什么结论？

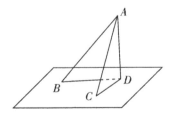

图 2 - 2 - 8

学生感到是不变的！这样，直线与平面垂直的判定定理就呼之欲出了！

说明：高中新课标强调立体几何教学中用直观感知、操作确认、思辨论证、度量计算的方法认识和探索几何图形及其性质. 但怎样操作能归纳出判定定理，又不降低学生的思维要求呢？本课例充分利用教材中的折纸实验素材，给学生提供多次操作的机会，通过"问题串"引导、观察、操作，不仅从正面验证，也从反面说明，让学生在认知冲突和操作中体验"结论"的形成过程，理解会更深刻，效果会更突出．

教学实践表明：在教师的必要引导下，学生围绕导入"问题"思考，不仅经历了探究的过程，感受了结论的意义，而且形成了表象，注意力高度集中，催生了灵感，建构了结论．

在问题驱动下学习，在局部探究中感悟

——"直线的点斜式方程"教学赏析

在高考应试的背景下，某些数学课堂，由于题量过多，题目过难，节奏过快，学生觉得学数学常常与苦、累相伴，鲜有快乐的体验. 如何减负、增效，给学生以学习成功的享受，是一个极具价值的课题. 3 月 31 日下午第三堂课，我们随堂听了备课组长朱老师对"直线的点斜式方程"的讲解，感受到教师充满激情、幽默的教学风格，感受到学生轻松、愉悦而高效的学习状态，我产生了动笔的冲动.

一、教学片断

（一）复习导入

（多媒体投影复习回顾）

（1）斜率的两个公式 $k=$ ？

生（齐答）：$k = \dfrac{y_2 - y_1}{x_2 - x_1} = \tan \alpha$ ；

师：公式成立的条件是？

生 1：$x_1 \neq x_2$ ，$\alpha \neq 90°$.

（2）下列命题：

① 任何一条直线都有一个对应的倾斜角；

② 任何一条直线都有一个对应的斜率；

③ 两点确定一条直线；

④ 已知一点和斜率（或倾斜角）确定一条直线.

其中正确命题的编号为_____.

生2：①②③④都行；

生3：②不行，因为倾斜角为 $\alpha = 90°$ 时，没有斜率，应选①③④.

问题一： 由③、④，两个条件可以确定一条直线，如何从"数"的角度刻画这样的直线呢？

师：（启发）一个定点可以用坐标来表示，那么，一条确定的直线，可以用怎样的代数形式来表示？

生4：用一次函数 $y = kx + b$ 表示（初中的认识）.

师：对！移项得 $kx - y + b = 0$，这个形式，初中把它叫作——

生（许多人）：二元一次方程.

师：让我们一同来探求这个方程.

（二）推导直线的点斜式方程

问题二： 由④，如图 2－2－9 所示，设定点 A 的坐标为（2，3），设斜率 $k = \dfrac{1}{2}$，则直线 l 就确定了. 请写出直线 l 上另一个点 B 的坐标.

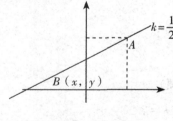

图 2－2－9

几位学生写出：（0，-2），$\left(1, \dfrac{5}{2}\right)$，（4，4），…

师：能写出直线 l 上所有点的坐标吗？

学生觉得自己能写，但又写不完，产生了认知冲突，迫使他们去思考问题.

师：怎样表示所有的点 B 呢？（停了片刻，接着问）用数字能表示所有的动点 B 吗？

生：不能！用字母（x，y）可以表示所有的动点B.

师：字母x，y应满足怎样的条件？

生5：$\dfrac{y-3}{x-2} = \dfrac{1}{2}$（＊），$\therefore y - 3 = \dfrac{1}{2}(x - 2)$（＊＊）．

（教师随手用（＊）与（＊＊）注明两式）

师：对于以上两个关系式，你们觉得选哪一个比较合适呢？

学生略思考，有的说（＊），有的说（＊＊）．

师：为什么？

生5：因为（＊）缺少点A，坐标为（2，3），而（＊＊）包含点A.

师（追问）：方程（＊＊）中的（x，y）是直线l上的任意一点吗？

生5：是的.

师：当然方程（＊＊）还不是最简洁的，是个"过渡产品"，其结果还须化简.

问题三： 将问题推广，把定点A的坐标（2，3）改为一般的点（x_1，y_1），直线的斜率为k，动点P（x，y）满足怎样的关系呢？

生6：类似的，有$\dfrac{y-y_1}{x-x_1} = k$ ①，$\therefore y - y_1 = k(x - x_1)$ ②．

师：从上可知，l上任意一点都是方程②的解；反过来，以方程②的解为坐标的点，是否都在直线l上呢？（学生在点头）

师：如果把方程②叫作这条直线l的方程，大家有意见吗？

生（齐声）：没有.

师：这个方程是由直线上的一个点和其斜率确定的，我们可以称这个方程为直线的——

生（众）：点斜式方程.

教师投影：直线l的点斜式方程为：$y - y_1 = k(x - x_1)$．其特点是"直线过点（x_1，y_1），斜率为k."在直线上一个点和斜率已知的条件下，我们可以直接运用点斜式求出这条直线的方程．

师：而方程①就差一个点，真是"一点遗憾！"

（三）点斜式方程的运用

例1： 已知直线经过的点和它的斜率，求这条直线的方程.

（1）A（-1，2），$k=3$；（2）A（6，-4），$k=\dfrac{1}{2}$.

生9：（1）直接利用点斜式方程，得 $y-2=3(x+1)$.

教师提醒这是"过渡产品"，应化简成：$y=3x+5$.

（2）由学生独立练习，不说答案，等一会儿揭晓.

师："到底对不对呢？"投影显示"$y=\dfrac{1}{2}x-7$".

教师通过举手统计，发现结果100%正确；

"哈哈……"朱老师显得非常开心.

师：从这两个方程的结果看，有什么规律？

生10：点斜式方程转化为 $y=kx+b$，x 的系数就是斜率 k.

师：那么，b 有什么含义呢？

生：（愣在那里，不清楚）

教师随手快速画了一张图，大家看看是什么？

生3：与 y 轴的交点.

师：数学上给这个交点的纵坐标起了一个专用名词：截距，y 轴上的截距. 想想，截距是到原点的距离吗？

学生从5，-7，感觉不是距离.

教师强调："截距不是距离，不要被文字所迷惑哦！嘿嘿……它是一个什么东西呢？"

生3：一个数，有正、负、零.

师：截距为零的方程你见过吗？

生3：见过，初中的正比例函数 $y=kx$.

师：对于形式 $y=kx+b$，原来叫一次函数，现在作为直线的方程，它是由直线的斜率及其在 y 轴上的截距确定的，我们就把它叫作直线的——

生（齐声）：斜截式方程.

师：由上可知，处理解析几何问题，遇到困难时可找图形"帮忙"，嘿嘿……

师：如果从直线方程的角度认识一次函数 $y=kx+b$，这里 k 和 b 的几何意义是什么?

生(齐声):斜率、y 轴上的截距.

师:在直线的斜率和其在 y 轴上的截距已知的条件下,我们常运用斜截式求出其方程.

例2:已知一条直线过点(0,-7),且与直线 $y = 3x - 2$ 平行,求这条直线的方程.

生11:由两直线平行,所以 $k = 3$. 由点斜式得解……

生12:由 $k = 3$,$b = -7$,由斜截式得解……

师:本题求直线方程的关键是求什么?

生:求斜率 k 的值.

变式:(1)过点 A(-2,5),倾斜角是直线 $y = 3x - 2$ 的倾斜角的 2 倍;(2)过点 B(3,2),且直线在两坐标轴上的截距相等.

对于(1),学生的解答很顺利;对于(2)显示学生面露难色.

师(提醒):有困难找"谁"帮忙啊?

生(齐声):"画图".

教师请生13上黑板画,他画出了过原点的一条直线 l_1,下面生14喊着还有,就直接走上台画出了另两条直线 l_2 和 l_3,如图 2-2-10 所示.

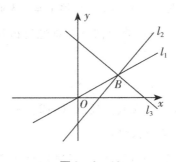

图 2-2-10

师生一同辨析,l_2 的截距一正、一负,朱老师戏称"伪截距".

(四)反思小结

问题四:根据直线的方程,说说你对下列直线的认识?

(1)$y = -2x + 4$;　　　　　　　　　　(2)$y + 4 = 5(x - 2)$.

生 15：（1）是直线的斜截式方程，（2）是直线的点斜式方程.

生 16：（1）表示的直线斜率为 -2，在 y 轴上的截距是 4；（2）表示的直线过定点（2，4），斜率为 5.

生 17：错了，应该是过定点（2，-4）.

师："点斜式"和"斜截式"虽然侧重点不同，你能体会到有什么共同特点吗？

生 5：确定一条直线需要两个条件.

问题五： 下列直线方程各表示什么特征的直线？

（1）$y = 3x + m$；　　　　　　　　　　（2）$y = kx + 2$；

（3）$y - 4 = k(x + 3)$；　　　　　　　（4）$y = kx + 2k - 3$.

生 18：（1）斜率为 3，在 y 轴上的截距 m 不定，教师在黑板上画出来；大家发现是一簇平行直线，教师定义：平行线系！

（2）许多同学都看出：过同一个点，斜率不定的直线.

师：所有直线吗？（部分学生看出）

生 19：要去掉 y 轴！

师：称作什么线系？

生（许多）：共点线系……

（3）生 20：经过定点（-3，4），去掉 $x = -3$ 的所有直线.

师：第（4）小题是一个高难度问题，谁能说出特征？有重奖！（在炫耀，煽动）

生 21：提取 k，得 $y = k(x + 2) - 3$.

下面许多同学都明白了，在喊：过点（-2，-3）…

学生问：朱老师，重奖什么呢？

师：生 21 真棒！嘿嘿……重奖嘛，下课就知道了.

（下课铃声响了）

二、教学赏析

这堂数学课，让我们加深了对"课堂教学是一门艺术"的理解. 细细品味，有以下几点值得称道.

（一）源于教师的数学理解，通过问题驱动，促成高效学习

本课的教学目标是让学生亲身经历点斜式方程的形成过程，掌握直线的点斜式、斜截式方程的特征，能根据两个条件写出点斜式、斜截式方程，了解直线和方程的对应关系．从而激发学生的求知欲，提高学生探究问题的能力．基于上述目标，老师重点解决好三个问题：

一是为什么要研究点斜式方程？

二是如何建构点斜式方程？

三是如何巩固点斜式方程和斜截式方程．

围绕这三个问题，朱老师设计了 5 个小问题，带动"复习导入、推导点斜式方程、数学运用和反思小结"四个板块．对于问题一，首先是复习回顾，不仅复习了斜率、倾斜角公式及注意点，而且从命题③④提出问题一，引出本课及后续内容的研究方向，明确目标，便于产生自觉的学习行为，可谓一箭双雕．设计合理的复习回顾，不仅能避免遗忘，提升有效性，也为学习新知找到一个合适的切入点．在问题一后提出："点"可用"坐标"表示，那么"直线"用怎样的代数形式来表示呢？太精彩了！学生很快联想到初中的一次函数，教师再过渡到一般意义下直线方程的概念，使得学生容易理解问题的来龙去脉，既实现了很好的过渡，又培养了学生的类比思维．知识发生的这一过程，让学生看得明白、真切．对于问题二，先解决好"是告知，还是引导探究"的理念问题，朱老师从学生的长远发展考虑，根据学生的认知特点，从特殊的点、斜率，类比推理到一般情形．关于点斜式方程的推导，设置了问题二，学生因列举不完而产生认知冲突，教师适时提醒获得了解决，这一过程揭示了直线方程的本质含义：直线上任意一点 (x, y) 的关系式．问题三是将具体问题一般化，学生能类比解决．对于斜截式方程的得来，是在对点斜式方程的巩固练习中自然过渡的，重点突出，层次分明．对于问题三，在数学运用环节，通过 2 道例题、练习与多个变式，既有巩固知识、方法的基本问题，也有涵盖知识类型以及提升的变式问题，既具有典型性，也兼顾知识和思维容量．在操作时，朱老师抓住有效教学的核心元素——详略得当，让学生参与并及时反馈，再根据学情，确定是"淡妆"还是"浓抹"．

将例题、练习融为一体，讲练结合，把握其"度"，或侧重数学理解和积累，或促使学生发现规律，或突出思维严谨性的养成，或强调表达的规范．在小结回顾环节，朱老师设计了两个问题（问题4、5），让学生对两种直线方程的特征谈认识，颇具新意．

朱老师正是源于对教材内容深刻的数学理解，根据学生的认知特点，抓住了解析几何的本质，通过系列问题的驱动，对难点实施巧妙简化，启迪学生的思维，才产生了如此清晰、流畅而高效的数学课堂．

（二）源于教师的教育理念，运用局部探究，实现知识建构

《数学课程标准》倡导通过不同形式的自主学习、探究活动，让学生亲身经历知识发生的过程，体验数学发现和创造的历程，发展他们的创新意识，本课是一个很好的解读版本．在推导直线的点斜式方程时实施了局部探究[3]，巧设问题二，请写出直线 l 上另一个点 B 的坐标．同学们花了1—2分钟写出点 B 的坐标分别为（0，－2）、（4，4），…他们感觉到自己能写，但又写不完，有困惑，遂产生认知冲突，因解决问题的需要促使同学们思考．在学生困难时提醒一句："用数字能表示所有的动点 B 吗？"学生马上联想到"用字母表示数"获得解决．数学发展的历史从常量到变量经历了多少年，我们经历几分钟探究、体验是非常必要的，有"烦琐"的体验，才会有"简洁"的美感．如果缺少这样的过程，学生就缺乏体验，效果自然会打折．在解决问题的过程中，同学们踊跃参与，个别回答问题的就有20多人，有的多次口头表达，有的直接上黑板表现自己，既张扬了个性，也训练了思维．

经过一个阶段的学习，有必要进行一番梳理，对于普通高中的学生尤为重要．如果单纯说让学生自己谈体会，答案难免空泛，而以问题的形式，让学生谈对两种直线方程的认识，学生更有话说，谈认识，谈体会，感悟、建构属于自己的东西，这样的感悟弥足珍贵，乃本课的又一精彩所在．它显示了朱老师以生为本的教育理念．

（三）源于数学教师的个性魅力，营造和谐课堂，激发学习热情

通常下午第三堂课，学生已显疲惫，但进入数学课堂，被朱老师那富有激情的语言吸引着，一点不感觉到累．课堂上，他常用幽默语句："一点遗憾"，"过渡产品"，戏称"伪截距"，使学生在开心、适当放松的同时，去领悟问题的真谛；在投影答案时用煽动性的"结果马上要出现了""有重奖！"方法提醒："有困难可以找图形帮忙，嘿嘿……"；强调"截距不是距离，不要被文字所迷惑哦！""生21真棒！嘿嘿……重奖嘛！下课就知道了"等，这些略带沙哑的声音，伴随着他那通红、微笑的脸，夸张的肢体语言，还有他带着一根长教棒的指指点点，都是"激趣"的元素，都能使学生精神为之一振．

课堂上，教师的言谈举止、思维方式也在潜移默化地影响着学生，教师清晰的思路及风趣的表达也会逐步影响学生解决问题的思路及表达．当学生"愣"在那里，教师随手画了一张图，这在暗示学生，老师遇到困难时采取的办法．如前所说，课堂的知识、思维容量不小，但朱老师却能不急不忙的，给学生必要的思考时间和充足的动手操作时间，而一张合理的草图、一行遒劲有力的粉笔字，在他手下快速完成，显示出朱老师过硬的数学基本功，这也是一次随堂课能上得如此引人入胜的重要元素．而教师的思维层次有时决定了学生的思维层次，要使学生解题、思考来得自然，教师自身首先要把问题想自然、想明白．本课的精彩，源于朱老师能把数学讲通俗、讲形象、讲容易，可谓深入浅出，高效学习．

我们深切感受到，本课内容不难，但处理得很巧妙．在朱老师的引领下，学生积极思考、勇于探索，解决了问题；学生敢于表达自己的观点，学得轻松、愉快，获得了成功的体验，他们可能由喜欢数学，迁移到喜欢学习，从而受益终生．

"局部探究" 在初中结论教学中的运用

在初中数学教学中，关于结论的教学，如果不揭示知识的形成过程，仅停留在机械记忆、反复操练，显然是不够的．因为结论的掌握必须以理解为基础，而数学探究有助于学生的理解．在课堂教学中，由于受教学内容和时间的限制，教师难以用大量的时间实施探究．如何让学生既经历探究结论的过程，获得结论，有益于思维的发展，又关注时效呢？实施"局部探究"[4]无疑是一种有效的途径．"局部探究"是根据教材的特点，围绕某个小专题或某一问题，选好1—2个探究点，从一堂课中拿出5—15分钟，在教师的组织、引导下，让学生用自我探究或合作交流的方式学习．以下通过两个案例，谈在初中结论教学中如何运用"局部探究"．

一、通过数学实验及提示性引导语，实施局部探究

案例1　七年级（下）"认识三角形"

（一）结论的简要分析

苏科版七年级（下）"7.4 认识三角形"一课的主要内容是三角形的边、角概念及表示，三角形的分类以及"三角形的三边关系"．关于这些概念、表示及分类，一般是教师对照图形进行介绍，学生说说、议议，可以不用探究．而"三角形的三边关系"不仅是三角形的基础知识，也是高中不等式、向量等内容的重要联系点．如果教师仅仅是直接给出三边关系的结论，再做点简要说明，只需3、4分钟时间，之后安排大量的变式训练．这种强化式的机械

记忆，虽然学生表面上也能记住，当堂检测也不会有什么问题，但这不是建立在理解基础上的记忆，学生自然不能自觉、灵活地运用. 我们不妨设置如下的局部探究过程：

（二）局部探究流程

第一步，搭火柴棒实验

让同桌的两名同学合作准备 5 根小木棒，长度分别为 3 cm、4 cm、5 cm、6 cm 和 9 cm，任意取出 3 根小木棒首尾相接搭三角形，看能搭成几个三角形？

第二步，交流实验成果

先请一位同学交流一下自己尝试的成果，再请 1—2 位同学补充，可得：3 cm、4 cm、5 cm，3 cm、4 cm、6 cm，4 cm、5 cm、6 cm，4 cm、6 cm、9 cm 和 5 cm、6 cm、9 cm.

第三步，发现结论

师：根据上述情形，哪位同学能说出构成三角形的三边必须满足什么条件吗？

由两位同学回答，再归纳总结：三角形任意两边之和大于第三边.

师：你能将上述文字语言转换为符号语言吗？

生：设三角形三边的长度分别为 a，b，c，则 $a+b>c$，$b+c>a$，$a+c>b$；

第四步，验证结论

师：大家思考，在三角形中，为什么一定有 $a+b>c$？

教师画出示意图形如图 2－2－11 所示，引导学生转化：$a+b=BC+CA$，$c=BA$；再请学生思考：为什么一定有 $BC+CA>BA$？

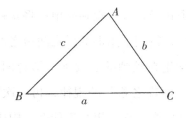

图 2－2－11

学生联想旧知"两点之间线段最短". 另两个式子, 同理可得.

第五步, 过渡性探究

从"两边之和大于第三边"过渡到"两边之差小于第三边"的探究.

教师提示: 将 $a+b>c$ 移项, 得 $c-b<a$, 同理 $a-c<b$, $b-a<c$, 得三角形的任意两边之差小于第三边.

(三) 局部探究点评

本课围绕"三角形的三边关系"的结论进行了一次局部探究, 它是由同桌同学借助五根火柴棒, 通过自己摆弄、尝试, 感觉到: 有的能搭成, 有的不能搭成, 这是一个数学实验的过程, 学生获得了一些感性认识; 再通过同伴的交流、合作, 概括出"两边之和大于第三边"的结论且符号化, 又通过"为什么成立?"将感性认识上升至理性认识. 其中, 对"三角形两边之和"的探究自然而顺畅. 但第五步的探究提示不够自然, 因为学生已有刚才探究的基础 (任意两边之和大于第三边), 为什么教师还要为他们提着拐杖 (提示: 移项得两边之差的结论呢)? 试问: 老师你是怎么想到要移项的? 这是一处败笔, 如果教师能把自己怎么想到移项的过程展示给学生, 与学生一同探究, 不是更好吗?

第五步的探究, 可以作如下改进:

(1) 教师提示: 请大家想想, 刚才得到了两边之和大于第三边, 你能联想到什么? 你还想知道什么?

学生不难由"两边之和"联想到"两边之差"的问题.

(2) 教师追问: "两边之差"和第三边的关系会是怎样的? 如何获得"两边之差"呢?

让学生观察上面三个式子, 容易想到移项: 将 $a+b>c$ 移项, 得 $c-b<a$, 同理得 $a-c<b$, $b-a<c$, 得到三角形的任意两边之差小于第三边.

改进后的第五步, 学生在教师的启发下, 结合旧知, 思考、探究! 通过类比思想, 自己发现了"两边之差"的规律, 再一次感受到成功. 本题的一句提示语——你能联想到什么? 你还想知道什么? 构成学生探究的突破.

这种不断深入的局部探究活动, 用时十几分钟, 不仅让学生亲身经历了结论的形成过程，感受成功的体验，而且有助于培养学生创新性思维.

二、通过比赛情境及观察引导，实施局部探究

案例2　七年级（下）"平方差公式"

（一）结论的简要分析

苏科版教材 9.4 乘法公式之"平方差公式"，其主要内容是"平方差公式"的推导和数学运用，它是通过一个边长为 a 的大正方形减去一个边长为 b 的小正方形，由两种不同的算法得到 $(a+b)(a-b)=a^2-b^2$；然后，对于任意的 a、b，用多项式乘法法则，可以得到 $(a+b)(a-b)=a^2-b^2$. 我们知道，"平方差公式"是"数与代数"中一个基础而重要的公式. 我们觉得这一过程看似展现了公式的形成过程，但较为简约，也来得突然，学生只是在教师指定的框架内机械操作，处于盲目状态，只能侧重于记忆公式，而难以发现公式的本质特征. 如此进行的平方差公式教学，不能充分挖掘公式的思维价值，也不利于学生思维的发展. 由此，我们不妨把"平方差公式"的推导设置为如下的局部探究过程：

（二）局部探究流程

第一步，设置一个比赛情境

师：同学们已经学习了多项式乘以多项式，老师给出了四道小题，看谁做得又快又正确！

(1) $(100-1)(100+1)$；

(2) $(3a+2)(3a-2)$；

(3) $(x+y)(x-y)$；

(4) $(x+2)(x-1)$.

第二步，速度快的同学交流心得

"你是怎么算的？"

让速度快的同学交流一下.

一般同学都是运用多项式的乘法公式进行计算，有少数几个同学做完前两个，就发现其中规律，不仅计算过程简单明了，而且正确率高.

第三步，师提问

师："仔细观察计算的结果，你有什么发现吗？"

学生：四个算式中前三个的结果为两项，而第四个算式的结果为三项，当两数和乘以两数差时，结果只有两项.

"是什么原因呢？"

教师以（2）为例进行方法展示：$(3a+2)(3a-2)=(3a)^2-3a\times2+2\times3a-2^2=9a^2-4$，不少学生发现：原来是中间项正负抵消了！

第四步，得出平方差公式

师：上述结论，你能用文字语言、符号语言加以表述吗？

让几位同学归纳及补充，教师投影（略），从而得出简洁、和谐的"平方差公式".

（三）局部探究点评

这个局部探究时间约为 12 分钟，其思路是"尝试计算——观察思考——归纳结论". 一方面，是学生自己得出"平方差公式"：$(x+y)(x-y)=x^2-y^2$. 而以比赛的形式尝试计算，既符合学生的年龄特点，也容易激起学生探究的兴趣. 另一方面，在尝试计算后，教师适时出示问题让学生思考其规律，同时，让学生体会到：为什么要学习平方差公式？有什么优越性？这有助于学生对知识、方法的理解，有助于学生观察能力、创新思维能力的培养.

综上可知，在结论教学中，由于课堂的限时性，我们常常选用局部探究. 其操作过程，不论是数学实验、还是设置比赛情境，都需要以问题引导，因此选择好问题，进行合理的引导是关键. 我们觉得教师要把握好以下几点：其一，提出的问题要能引发学生的积极思考；其二，提出的问题要具有可接受性，要适合所在班级的学生，符合学生认知的最近发展区（如案例 1 第三步"你能将上述文字语言转换为符号语言吗？"七年级学生在（上）册就已经学习了"用字母表示数"，这正好给他们学以致用的机会. 试想：如果是教师直接假设三角形三边的长度分别为 a，b，c，不是少给学生一次运用"用字母表示数"训练的好机会吗？）其三，问题呈现后，一定要留给学生必要的思考时间，独立思考或合作讨论．其四，有时需要用一些提示语作引导，如案例 1 中第五步的改进提示语，案例 2 "仔细观察计算的结果，你有什么发现吗?" 等，变 "牵" 着走为 "引" 着走，既符合新课改理念，也体现有效性．

在教师的精心组织和引导下，对结论教学实施局部探究，让学生亲历结论发生过程的同时，跟进思维，发现了规律，从中还体验了探究成功的乐趣，使数学课堂焕发出新的活力．这也有益于学生日后有所发现、有所创造．

稚化思维

——突破教学难点的有效途径

虽然新课改之后的课堂教学发生了不少可喜的变化，但受传统的教学观念、教学方式以及应试教育等诸多因素的影响，一些教师在实施课堂教学时，仍然习惯于高高在上，站在自己的角度，以自己的知识水平去思考和讲授，把结果硬塞给学生，学生往往知其然不知其所以然，影响教学质量．其中对于某些难点问题，教材轻描淡写，如果教师缺乏充分的二次备课，必将造成学生理解上的困难，这不仅不利于学生对知识的理解、掌握和迁移运用，更不利于学生思维的发展．如何解决呢？教学实践中，我们体会到：教师稚化自己的思维是化解难点的有效途径．所谓稚化思维，是指在教学活动中，教师把自己的外在学术性的话语权威隐蔽起来，不以知识丰富的指导者自居，而是把自己的思维降格到学生的思维水平，充分关注学生的原有知识储备和经验背景，有意识地返回到与学生相仿的思维状态，设身处地揣摩学生的思维，切合学生的心态，以与学生同样的认知兴趣、同样的学习情绪、同样的思维情境、同样的探究行为来完成教学的和谐共创，从而达到和学生的思维保持同频共振的一种教学艺术．下面以"双曲线几何性质"一课为例，作一些探讨．

一、稚化缘由[7]

高中数学选修 1 - 1 及选修 2 - 1 "双曲线几何性质"，按无锡地区的进度安排在高二上学期，在椭圆的几何性质和双曲线的标准方程之后学习．从研究内容上看，双曲线与椭圆的几何性质是类似的，教材对本节教学内容的介绍较为简洁. 我们可以由椭圆的"范围、对称性、顶点和离心率"四点性质,类比得出双曲线相应的四个性质,但顶点的个数,离心率还需要教师"出手"相助,学生对"范围"也仅能得出 $x \geqslant a$ 或 $x \leqslant -a$,不完整. 而渐近线是双曲线特有的性质,也是学生在数学学习中遇到的全新的性质. 教材中并未对渐近线给出明确的定义,使得学生对于这一概念的理解缺乏横向对比,知识结构上出现了断层. 教材是用"思考:根据方程 $\dfrac{x^2}{a^2} - \dfrac{y^2}{b^2} = 1$,你能发现双曲线的范围还受到怎样的限制?"由方程 $\dfrac{x^2}{a^2} - \dfrac{y^2}{b^2} = 1$ 可知,$\dfrac{x^2}{a^2} - \dfrac{y^2}{b^2} > 0$,即 $\left(\dfrac{x}{a} + \dfrac{y}{b}\right)\left(\dfrac{x}{a} - \dfrac{y}{b}\right) > 0$ … 从而得出双曲线是在直线 $y = \dfrac{b}{a}x$ 和 $y = -\dfrac{b}{a}x$ 为边界的平面区域内;再提出问题:从 x,y 的变化趋势看,双曲线 $\dfrac{x^2}{a^2} - \dfrac{y^2}{b^2} = 1$ 与直线具有怎样的关系?(文科是以具体的双曲线 $\dfrac{x^2}{16} - \dfrac{y^2}{9} = 1$ 与特殊直线 $y = \pm \dfrac{3}{4}x$ 为例,再推广),推证随着 x 的增大,双曲线 $\dfrac{x^2}{a^2} - \dfrac{y^2}{b^2} = 1$ 在第一象限内的点在直线 $y = \dfrac{b}{a}x$ 的下方逐渐接近于这条直线. 遂把直线 $y = \pm \dfrac{b}{a}x$ 叫作双曲线的渐近线. 最后证明双曲线在第一象限的点与其中一条直线逐渐接近.

由于双曲线这一节在高考中要求较低(A级),加之课时较紧,实际教学中部分老师往往直接告诉学生 $y = \pm \dfrac{b}{a}x$ 就是双曲线的渐近线,而不讲它为什么叫渐近线,不讲它是怎么得来的,学生依葫芦画瓢,被动接受. 长此以往,学生将逐步丧失学习的积极性. 另一部分老师按自身的思维习惯,"1 > 0 不是显然的吗! 当然有 $\dfrac{x^2}{a^2} - \dfrac{y^2}{b^2} = 1 > 0$ 了."但学生感到十分茫然,仿佛一位天外来客突然降临. 多年的课堂教学实践表明,学生对于想不到的、不自然的东西,往往难以接受. 如何突破这一难点? 顿悟,灵感,对于发现问题固然重要,能否寻求一条合理化的一般途径,解决这一难点? 回答是肯定的,可通过换位思考,以学生的认知结构为稚化起点进行教学设计.

二、稚化现场

方案一： 从代数角度引导学生探究发现. 在一所四星级学校的一个层次较好的理科班级，教师通过创设系列问题，引导学生思考、探索. 教师出示思考题："根据方程 $\frac{x^2}{a^2} - \frac{y^2}{b^2} = 1$，你能发现双曲线的范围还受到怎样的限制？" 后，许多学生不知如何回答.

教师遂从旧知开始引导.

师：由前面的分析，我们已经得出：$x \geq a$ 或 $x \leq -a$，$y \in \mathbf{R}$，有了 x、y 各自的范围，能否求出二元变量 x、y 整体的范围呢？

师（继续引导）：从代数角度看，范围其实就是一个不等关系，从几何意义上看，范围就是平面区域问题，由此，你联想到什么？

学生1：构造一个不等式.

学生2：转化为线性规划问题.

师：说得好！构造的途径有很多，我们能否从某一个等式直接转化为不等式呢？

师生一起回顾椭圆"范围"的转化，它是利用 $\frac{y^2}{b^2} \geq 0$，得 $\frac{x^2}{a^2} \leq 1$，$-a \leq x \leq a$；双曲线是利用 $\frac{y^2}{a^2} \geq 0$，得 $\frac{x^2}{a^2} \geq 1$，得 $x \geq a$ 与 $x \leq -a$，都是利用完全平方数的非负性.

问题：如何从双曲线等式 $\frac{x^2}{a^2} - \frac{y^2}{b^2} = 1$ 构造出一个不等式呢？请同学们思考！

……

教师感到学生仍有困难，则再提示：线性规划是一次的，而这里左边是二次式，右边是常数项1，如何把二次转化为一次？

生3：可以因式分解，把1变小，如 $\frac{1}{2}$，$\frac{1}{4}$，…….

师：说得好！不等式 $\frac{x^2}{a^2} - \frac{y^2}{b^2} > \frac{1}{2}$ 如何分解？请大家尝试一下.

学生普遍感到困难.

师：把 1 变小，怎样更有利于分解，再大胆一点！

部分学生：把 1 变成 0！

教师肯定后，请学生分解.

生1：$\dfrac{x^2}{a^2}-\dfrac{y^2}{b^2}=1>0\rightarrow\left(\dfrac{x}{a}+\dfrac{y}{b}\right)\left(\dfrac{x}{a}-\dfrac{y}{b}\right)>0\rightarrow\cdots\rightarrow-\dfrac{b}{a}x<y<\dfrac{b}{a}x.$

生2：由 $\dfrac{x^2}{a^2}-\dfrac{y^2}{b^2}>0\rightarrow\dfrac{x^2}{a^2}>\dfrac{y^2}{b^2}\rightarrow|y|<\dfrac{b}{a}|x|\rightarrow-\dfrac{b}{a}x<y<\dfrac{b}{a}x.$

师：请你表述上述结论.

生：双曲线是落在不等式 $-\dfrac{b}{a}x<y<\dfrac{b}{a}x$ 所表示的平面区域内，或者说，

双曲线是在以直线 $y=\dfrac{b}{a}x$ 和 $y=-\dfrac{b}{a}x$ 为边界的某一个平面区域内.

以下同教材的处理，在证明双曲线在第一象限的部分与其中一条直线逐渐接近时，可以有以下两条思路.

思路1：点 M 到直线 $y=\dfrac{b}{a}x$ 的距离 d，当 x 趋向 $+\infty$ 时，$d\rightarrow0$.

思路2：考虑对于横坐标相等，纵坐标的差趋向于 0.（参考阅读部分）

方案二：从几何角度引导学生探究发现，在一所四星级学校一个层次比较好的文科班级，其理性思维能力弱于理科班级. 教师以形助数，利用"形"的直观性，引导学生去探索.

师：大家对初中反比例函数 $y=\dfrac{1}{x}$ 的图象还熟悉吗？它的图象与 x 轴、y 轴的关系如何？教师随即用"几何画板"展示 $y=\dfrac{1}{x}$ 的图象（如图 2-2-12 所示）.

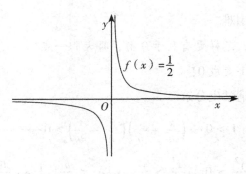

$$f(x) = \frac{1}{2}$$

图 2 - 2 - 12

生：$y = \frac{1}{x}$ 的图象与 x 轴、y 轴逐渐靠近，越来越接近但不相交.

师：x 轴、y 轴所在的直线方程分别是？

生：$y = 0$，$x = 0$.

师：我们把这样的直线叫作双曲线的渐近线. 渐近线，顾名思义，逐渐靠近的意思.

其实，$y = \frac{1}{x}$ 就是双曲线方程，不过它不是标准方程，双曲线是落在这两条渐近线两侧的区域里.

问题：对于双曲线方程 $\frac{x^2}{a^2} - \frac{y^2}{b^2} = 1$，其渐近线方程是什么呢？

师：一般问题有困难，我们可以考虑——

生：特殊化、具体化.

师：好！那就从具体的双曲线方程 $\frac{x^2}{9} - \frac{y^2}{16} = 1$ 入手，寻找其渐近线.

根据对称性，双曲线在第一象限的解析式为 $y = \frac{4\sqrt{x^2 - 9}}{3}$，请大家用描点法画出草图.

第一步，取点、列表

表 2 - 2 - 1 所示：

x	3	4	5	6	9	12	…
y	0	3.53	5.67	6.93	11.3	15.5	…

第二步,用光滑的曲线连接坐标,得草图.

之后,教师用"几何画板",做出双曲线在第一、二象限中的图象. (如图 2 - 2 - 13 所示)

师:请大家观察图象,如何能找出其渐近线?

(图 2 - 2 - 13 左侧的 $r(x) = \dfrac{-4}{3} \sqrt{x^2 - 9}$ 应改为:$-f(x) = \dfrac{-4}{3} \sqrt{x^2 - 9}$).

部分学生能意识到,可以从顶点出发,做出矩形块(如图 2 - 2 - 14 所示),连接对角线,猜想对角线就是渐近线.

然后用上述思路 2 进行验证.

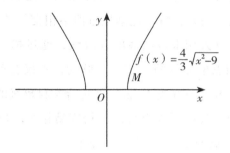

图 2 - 2 - 13

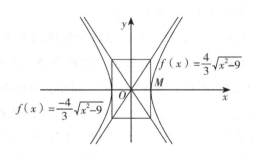

图 2 - 2 - 14

三、稚化分析

方案一是从代数角度引导学生进行局部探究,是从学生已有的知识出发,引导学生挖掘"范围"的代数特征——不等式,挖掘一次不等式的几何意义——线性规划,以问题为载体,以类比为手段,从解决问题的角度,通过师生的对话、思考、尝试，使得"范围、渐近线"性质的来由显得自然一些，易接受．该方案寻求"范围、渐近线"问题与旧知的联系点，又在数学体系中寻求内在联系点（代数、几何），从而降低了起点，采用小步子迈进，为学生的思维搭建好脚手架，让学生通过自己亲身"跳一跳"，摘到了喜人的"桃子"．该方案侧重于在几何性质中加强代数推理的训练，体现了解析几何的本质（用代数手段研究几何问题），同时让学生体验到通过数学探索突破难点的乐趣．该方案适合理科班级，由于理科班大部分学生的理解能力、理性思考能力和对字母的运算能力相对较强．

方案二是从几何角度引导学生进行局部探究，先从学生熟悉的初中反比例函数图象出发，通过观察，将"逐渐接近但不相交"的直线定义为渐近线，获得渐近线的概念．再去探求双曲线的渐近线；通过描点画草图、"几何画板"作图以及画"顶点矩形"的"多图"联动，不仅有动手，也有观察、探究和思考，最后探索出"渐近线"．该方案适合文科班级的学生，他们理性思维相对较弱，而对于直观的形象思维，比较容易接受．虽然该方案对代数推理要求较低，但符合新课标对文科考生的要求．

从上述案例，不难得出化解难点的稚化策略及步骤．

1. 换位思考、审读教材，寻求稚化点

稚化思维，要求教师首先要放下自己数学权威的架子，以学生的身份，从学生的已有知识和能力出发，重新阅读、审视教材，去预估学生哪些知识点能理解？哪些点理解有困难？哪些点易混、易错？例题需要自己亲身解答，想一想学生还可能有什么方法？做一次梳理．这样可能获得不同于教材的解答，有别于教材的理解，也可能有新的发现．本课审读教材、换位思考后，发现"范围、渐近线"这一难点，作为稚化的一个"点"，遂采取降低起点、小步子探索与大胆猜想相结合的设计．

2. 学情分析、搜索旧知，找出联结点

稚化思维，要求教师做足学情分析的文章，因为"适合学生"是一切教学活动的基础与出发点．其一，要尊重学生认知特点．不同年龄段学生有不同的思维习惯和特点，文、理科学生在思维上有不同的侧重点，教师事先都要有充分的思考．如上，对于文科、理科不同的学生，采用了不同的稚化策略；而且，即使是理科班学生，也习惯于演绎推理，对合情推理中的猜想以及构造法等也显得不足，对于"从等式 $\frac{x^2}{a^2} - \frac{y^2}{b^2} = 1$ 过渡到不等式 $\frac{x^2}{a^2} - \frac{y^2}{b^2} > 0$"是非常困难的．其二，要了解学生已有的知识和方法．对于所教学内容，学生已有知识有哪些？掌握的程度如何？要了解清楚．本课在初二就学习了反比例函数，对其图象有所了解，虽然没有出现渐近线的概念，但对"逐渐接近、不相交"是有感受的，我们若忽视这一宝贵的教学资源，岂不可惜！了解到学生熟悉描点法作图，就让学生尝试画图并猜测．其三，寻求联系点．辩证法认为，世界是一个普遍联系的整体，这种联系性既存在于学科之间，也沟通了数学不同分支知识间的联系．几何性质——"范围、渐近线"的研究，需要利用不等式、线性规划以及反比例函数等代数知识．找到这两个联系点，注重知识、方法的纵横联系与延伸，可能会使得我们看得更准、行得更远．

　　学生难以理解的问题，包括学生一时想不到的思路、想不到的方法和一些新颖的、综合性强的问题等，构成教学的难点．对此，一些学生有畏惧心理．教师如果能了解学生原有的知识经验，熟悉学生现有的真实状况和长处、短处，寻求"联接点"，就能以学生的认知结构为稚化起点进行教学设计，在课堂上稚化自己的思维，与学生一起走进学生的原有经验中去，在学生原有思维水平上展开教学，顺着他们的思维逐渐展开，在思维的水到渠成中掌握新知识，获得"突破口"，这样可大大降低学习新知的难度，做到化难为易、化繁为简，学生每增加一次攻克难题的成功体验，就会从心理上增多一份破解难题的信心，实现真正意义上的学习．这样还能走近学生，理解学生，从而提升教学的效能．

实施局部探究，培养思维品质

——在初中新授课教学诸环节进行探究式学习的实践

我们的中学课堂，能否在淡化应试，培养创新思维上多下一些功夫，为培养顶尖人才作好储备？反思目前我们不少数学课堂，为了追求应试的高分，加大题目的训练量，"去头掐尾烧中段"，忽视知识的形成过程；有的以教师的讲为主，学生的思考太少；有的增加铺垫，降低了思维要求等．这种忽略思维训练的做法，必然会制约学生创新能力的培养．修订后的新课标认为：数学教育要发挥数学在培养人的逻辑推理和创新思维方面有不可替代的作用；学生应当有足够的时间和空间经历观察、实验、猜测、计算、推理、验证等活动过程．因此，初中数学是活动和思维的学科．下面就初中数学新授课教学的三个主要环节，谈一谈通过局部探究，加强思维训练的一些探索和实践．

一、在"情境创设"环节设疑、制悬，让学生产生探究学习的内驱力

"情境创设"包括实例、情景、问题、叙述等，往往出现在课堂的导入环节，意图在于营造氛围、提出问题．经过几年新课程的积极推进，教师很重视对情境的创设，凭借一个或一组问题的精彩引入，激发学生的学习兴趣和参与热情，课堂气氛活跃．但一些教师也存在：情境设计"花"，媒体间切换多，留给学生思维含量明显不足等问题，应引起重视．

案例1　关于"平方差公式"的引入

创设生活情境："神机妙算"，小敏去商店买了单价是 9.8 元/千克的糖果

10.2 千克, 售货员刚拿起计算器, 小敏就说出应付 99.96 元, 与售货员算出的结果完全吻合. 售货员惊讶地说: "你真是个神童, 怎么算得这么快?" 小敏说: "过奖了, 我只是利用了数学上的一个公式." 你想知道小敏用的是一个什么样的公式吗? 怎么计算的呢?

剖析: 创设这样的问题情境, 使学生不仅饶有兴趣, 而且带着疑惑、好奇, "怎么算得这么快, 什么数学公式, 这么神奇?" 学生以积极的期待心理进入下面的学习. 待学习完平方差公式后, 再来解决这个问题, 前后呼应, 效果很好, 且用时不多.

"情境" 教学, 在激发兴趣的同时, 要增加一点思维元素, 给学生设疑, 制造悬念, 产生期待心理或认知冲突, 进而产生强烈的探究学习的内驱力, 若坚持下去, 则有益于培养学生积极思维、勇于探究的学习习惯.

二、在"新知教学"环节引入"探究"元素, 培养学生思维的创新性

"新知教学" 环节包括新授课要学习的概念、定义、定理、法则等, 意图在于: 感知数学、建立数学. 在 "新知教学" 中, 应侧重让学生理解 "从哪里来?" 通过局部探究, 暴露知识、方法的形成过程. 而在平常教学中, 为了加大解题训练, 不少教师常常压缩知识形成的过程, 或通过增加铺垫, 降低思维要求. 出现了学生重复训练的多, 启迪思维的少, 这亟待改变!

(一) 概念教学要增加一点 "探究" 的元素

案例 2 华师大版七年级 (上) "三角形的三条重要线段" 一课的概念教学

方案一: 教师在黑板上画 $\triangle ABC$, 边画边解说, 取 BC 的中点 D, 线段 AD 就是 $\triangle ABC$ 的一条中线, 作角 A 的平分线 AE, 则线段 AE 就是 $\triangle ABC$ 的一条角平分线, 作垂线 AF, 则线段 AF 就是 $\triangle ABC$ 的一条高. 然后教师引导学生进行辨认训练.

方案二: 上课伊始, 教师请大家拿出纸、尺和笔, 和学生一同回顾上学期有关垂线的画法和角平分线的概念, 让学生操作体会一下, 再提问: 如图 2

–2–15 所示，点 P 在 △ABC 的边 BC 上运动，当 P 运动到什么位置，会有一些"特殊"的线段？

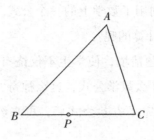

图 2 – 2 – 15

在学生的信息库中，有中点、垂直、角平分线等信息，因此，当教师提出这个小的问题，学生经片刻思考后，能陆续发现角平分线、垂线、中线，从而引出课题：三角形的三条重要线段．教师再补充完善概念，之后进行辨认训练．

方案三：教师先提出问题：如图 2 – 2 – 16 所示，给定 △ABC，能否在 BC 边上找一点 D，使得 AD 将 △ABC 的面积平分？若 BC 上有一个动点 P，当 P 运动到什么位置时，线段 AP 的长度最短？

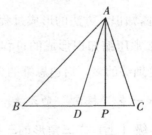

图 2 – 2 – 16

教师提出这一"问题串"，引发学生思考：什么情形下两个三角形的面积相等？直线外一点到直线上各点的距离何时最短？学生在图形上尝试、探究，他们不难得出：D 为中点，AP 为垂线段，从而引出中线、高的概念，再引出角平分线的概念．

剖析：方案一是照本宣读，形式单调，学生对学习这三类线段的价值心存茫然，只是依据老师的讲解在模仿、记忆和训练，且思维要求较低．方案二是先通过师生画图复习旧知，再提出一个精心预设好的问题"当 P 运动到什么位置，会有一些'特殊'的线段"，引起了学生的探究欲望，因为有了旧知的铺垫，学生容易掌握，适宜于数学水平中等的班级. 而方案三则是先创设一个几何情境，提出"面积平分"和"长度最短"的问题，侧重引出三条重要线段的必要性，适宜数学水平较高的班级. 方案二、三的共同点是侧重知识的发生过程，精心设计贴近学生的问题，让学生带着问题动手尝试、思考，不仅暴露知识的形成过程，更训练了学生的思维.

（二）结论教学要合理铺垫，给予学生"发现"的机会

我们把公式、定理、推论、法则等统称为结论.

案例 3　关于平方差公式的推导

教师按序呈现以下两个问题：

（1）计算并化简：

① $(a + b)(x + y) = $ _____.

② $(a + 5b)(a - 5b) = $ _____ $= $ _____.

③ $(x + 2)(x - 2) = $ _____ $= $ _____.

④ $(x + 2)(x - 1) = $ _____ $= $ _____.

（2）观察上述结果，你有什么发现吗？（如有困难的，再友情提醒：可以从项数分析）

学生从下列结果中：

（1）$ax + ay + bx + by$

（2）$a^2 - (5b)^2$

（3）$x^2 - 4$

（4）$x^2 + x - 2$

不难得出以下结论：

（1）积有四项、三项和两项.

（2）两数和乘以两数差的积只有两项. 从而得出简洁、和谐的"平方差公式".

剖析：如果是直接让学生去计算 $(a + b)(a - b) = a^2 - b^2$，得到平方差公

式，显然缺乏知识的形成过程。"为什么就计算这个问题"，学生只能在教师指定的框架内机械操作，明显的注入式，其思维得不到训练。而如上设计，教师先通过一组问题的计算，再观察其结果，让学生在对比中去发现规律。课堂反馈：只要创设的问题情境合理，辅之必要的引导，学生是完全有可能发现一些规律的。

譬如"多边形的内角和公式"的推导过程，教师引导学生从特殊到一般，从三角形、四边形……，到 n 边形，得出内角和公式。而对于学习水平较高的班级，应进行探究，教师可依次提出由远及近的"问题串"：

① 有其他思考方法吗？不妨换个角度尝试。

② 从一般多边形入手，分割成若干个三角形。

③ 如何分割？即动点 P 如何选取？

给学生几分钟时间分组讨论问题③，再交流。学生得出点 P 可以在某一边上，也可在多边形的内部或外部。经过"问题—思考—讨论—交流"的探究程序，学生不仅习得新知，运用了分类讨论，从特殊到一般的思想，而且在相互启发、相互补充中思维得到碰撞，结论从不同角度获得，培养了思维的广阔性，也体会到探究成功的乐趣。

在概念教学和结论教学中，应减少一点告知，增加一些探究，提供合适的"探究"素材，精心设问，让学生观察、辨析，或独立思考或合作讨论，自己发现规律，这有益于培养学生思维的广阔性和创造性。

三、在"数学应用"环节优化问题设计，培养学生思维的敛散性和严谨性

"数学运用"是一般意义上的例题、练习环节，包括辨别、解释、解决简单问题和复杂问题等。其意图在于巩固新知，学以致用。

现实中不少数学课堂主要存在两个问题：

（1）设置问题时，重视"例题"而忽视"练习"。教师设置、处理例题能注意"一题多解、一题多变"，有益于学生的发散性思维。而在巩固练习环节，有的课堂给学生提供完全类似的习题，学生不用动脑，只需模仿，看似

答对，实际上学生并没有理解.

（2）设置例题的"度"难以把握，有的教师问题设置偏难、偏多，有的则太易，不能引起学生思考.

其实，例题、练习是"数学应用"的一个整体，设计时应从整体出发，根据学生的层次，"多元"设置.

（一）例题、习题要"多元"设置，适当增加思维含量

案例4　在"平方差公式"一课的巩固新知环节，教师先后呈现一道例题、两道练习

例题

利用平方差公式计算：

（1）$(2x + y)(2x - y)$；

（2）$(a - 6b)(a + 6b)$；

（3）$(3mn + 1)(-3mn + 1)$.

练习1　下列公式能用平方差公式的序号是：

（1）$(2a - b)(a - 2b)$；

（2）$(a - b)(-a + b)$；

（3）$(a - b)(-a - b)$；

（4）$(2a - 3b)(-3b - 2a)$.

练习2　仔细填一填：

（1）$(x + 3)(\quad + 1) = x^2 - 9$；

（2）$(m + n)(\quad + 1) = n^2 - m^2$；

（3）$(\quad + 1)(-y - 1) = 1 - y^2$；

（4）$(-3a^2 + 2b^2)(\quad + 2) = (9a^4 - 4b^4)$.

剖析：例题是对平方差公式的正向运用，给学生一个榜样，完全必要；练习1是对公式结构的进一步辨析，难度不大，但能训练思维的严谨性；练习2是平方差公式应用的一组逆向问题，能训练逆向思维. 这样，促使学生从正向、逆向、侧面等多角度思考，让学生从辨析训练中，获得平方差公式的本质特征，找准公式中第一个数，获得对新知的完整印象.

其实，在教学一些思维含量不高的内容时，可以增加点思维元素. 如在熟练进行有理数加减混合运算后，来点探索，计算：（1）$-1+2-3+4-\cdots-99+100$；（2）$1-2+3-4+\cdots+97-98+99$. 让学生从对特殊到一般的探索中，寻求规律，渗透配对思想. 在一元一次方程的概念教学中，可以给一道"拓展提高"性的问题：若 $(a^2-1)x^2+(a-1)x=0$ 是关于 x 的一元一次方程，求 a 的值. 让学生依据一元一次方程的概念观察、判断，$a^2-1=0$，$a=\pm1$，再进行反思、检验，有助于培养学生思维的严谨性. 初中数学教学中增加思维含量的途径，通常有设置字母问题，增加分类讨论，设置逆向思考等问题.

（二）例题、习题的解答要充分暴露思维过程

案例 5 在初二代数（上）"完全平方"的一堂课上，一位教师出示问题

要给一张长为 a 米的正方形桌子铺上正方形桌布，桌布的四周均超出桌面 $0.1m$，问需要多大面积的桌布？

教师读题，用电脑打出示意图（如图 $2-2-17$ 所示），请学生求解. 学生不难得到：$(a+0.2)^2=a^2+2\times0.2a+0.2^2=a^2+0.4a+0.04(m^2)$.

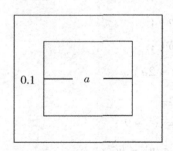

图 $2-2-17$

剖析： 这是一道有生活情景、有意义的实际问题，作为新授课上的数学运用，难度比较适合一般层次的班级和学生. 但是教师打出示意图，就相当于给出了数学模型，给了学生一道关于面积的计算题，学生没有亲历建模过程，显然降低了思维要求，不利于对学生思维能力的培养. 可考虑如下改进：教师让学生读题后问：本题如何求解？请学生思考. 可能有一些学生能联想到"图形"，然后让他们尝试画图，师生一同点评、强化，再由学生独立计

算，获得解决．不少学生害怕解答应用问题，是否应该从教师自身找找原因呢？

（三）给"尖子生"增开思维"小灶"

我们知道，人与人之间的思维存在着差异，因材施教，就是要根据不同学生的特点，实施不同的教学．对学有余力的"尖子生"，在一节教学内容后，适当地加大思维拓展很有必要．

案例6 **在初一行程应用问题的教学中，在相遇问题、追及问题后，提出问题**

甲、乙两人在 400 米环行跑道上练习跑步．甲每秒跑 5.5 米，乙每秒跑 4.5 米．若甲、乙同时背向出发，经过多长时间两人首次相遇？

解答后，教师建议几位"尖子生"思考：你还能提出其他问题吗？要求：凑好数据，便于解答．结果，他们踊跃提出了很多问题，归纳如下：

（1）甲、乙同时同向出发，经过多长时间两人首次相遇？

（2）乙先跑 10 米，甲再与乙同时、同向出发，还要多长时间首次相遇？

（3）乙先跑 20 米，甲再与乙同时、背向出发，还要多长时间首次相遇？

……

而且凑好数据 10 米、20 米，也随之给出答案．学生积极参与其中，成功与兴奋之情溢于言表．

在"数学应用"环节，例、习题设置角度要"多元"，正向、逆向以及开放性问题，变式要合理、有度，讲解例题要留给学生思考的时间，并充分暴露其思维过程；对"尖子生"要在课堂上"拔苗"，给他们创造提出问题的时机，精心设置情境及问题，从而有效地培养学生思维的发散性、收敛性和严谨性．

加强对学生的思维训练是一个长期的任务，需要我们教育工作者不懈努力．

在常态课中演绎教学的精彩

——对"平均数及其估计"一课的教学思考

我们搜索日常的数学教学内容,大部分较单薄,原理也较简单,如何挖掘,使这种常态课出新、出彩,值得研讨. 我校教研组活动一般每两周开设一次公开课,依进度,王华民老师开设的课题是统计内容:"平均数及其估计",在仔细研读教材后,确定了教学目标:知道平均数是对调查数据的一种常用而简明的描述,熟练掌握平均数的两个计算公式,从而实现对总体合理的估计和解释;探索用平均数作为描述总体水平的特征数的理论依据. 设计的基本思路:通过精心选材,从算理上实施局部探究,在提升学生兴趣的同时,发展其理性思维. 以下通过该课的几个教学片段,进行教学分析与提炼.

一、课例片段

(一)提出问题、学生思考

北京地区近几年 7 月 25 日至 8 月 24 日的日最高气温的两个样本,经统计,超过 33 ℃ 的高温天气的频率分布表如下 2 - 2 - 2 所示:

表 2 - 2 - 2　天气平均值

时间	总天数	高温天气频数	频率
7 月 25 日至 8 月 10 日	17	11	0.647
8 月 8 日至 8 月 24 日	17	2	0.118

问题一： 从上表，你对北京地区 7 月、8 月的高温情况有怎样的估计？

生 1：前 17 天的高温天气的频率要明显高于后 17 天.

师：这是对两个样本总体分布的估计，我们换个角度思考：

问题二： 前 17 天高温的程度如何？用一个什么量代表这 17 天高温情况比较合适？

生 2：平均数.

师：为什么？（学生难以回答，让其带着悬念）

师：在数学中，通常把能反映总体的某种特征的量称为总体特征数. 本课，将与你探讨——平均数及其估计.

情境：某校高一（1）班同学在老师的布置下，用单摆进行测试，以检验重力加速度. 全班同学两人一组，在相同的条件下进行测试，得到下列实验数据（单位：m/s²）：

9.62　9.54　9.78　9.94　10.01　9.66　9.88　9.68　10.32　9.76
9.45　9.99　9.81　9.56　9.78　9.72　9.93　9.94　9.65　9.79　9.42
9.68　9.70　9.84　9.90

问题三： 根据上述数据，用一个什么量可以作为估计重力加速度的"最理想"的近似值？

学生（不少）：平均数.

师：为什么？

生：?

师：同学们知道结论，但不知为什么？显然，这个问题具有一般性，我们有必要一同来研究.

（二）学生活动、意义建构

师：为寻求一般性结论，事先说明，最理想近似值的标准——这个近似值与实验数据越接近越好！

师生：设这个近似值为 x，那么它与 n 个实验数据 a_i（$i=1$，2，…，n）的离差（偏差）分别为 $x-a_1$，$x-a_2$，$x-a_3$，…，$x-a_n$，要尽可能小！

师：由于上述离差有正有负，怎么办？请相互探讨，2—3 分钟后交流.

生3：考虑绝对值相加，即研究 $|x-a_1|+|x-a_2|+\cdots+|x-a_n|$ 取最小值时 x 的值.

师：如何操作呢？（学生感到由于含有多个绝对值，运算不太方便）

生4：直接相加.

师：合理吗？

生5：不合理，可能有正、负偏差，但和为零，而偏差不一定小.

师：有没有既合理又便于操作的办法？

生6：可以考虑离差的平方和，借用初中方差的定义，即 $[(x-a_1)^2+(x-a_2)^2+\cdots+(x-a_n)^2]/n$，当此和最小时，对应的值作为近似值.

师：说得太好了！你与天才数学家高斯想的一样，善于迁移！但这个式子能否简化一下？

生6：可去掉 n.（生6很自豪）

师：对！只要 $(x-a_1)^2+(x-a_2)^2+\cdots+(x-a_n)^2$ 最小即可！这早就出现在1809年数学家高斯的《天体运动》一书关于"最小二乘法"的记载中，之后研究线性回归方程还会用到.

师：不妨记为 $y=(x-a_1)^2+(x-a_2)^2+\cdots+(x-a_n)^2$，要使得 y 最小，怎么办？

生7：展开，得 $y=nx^2-2(a_1+a_2+\cdots+a_n)x+a_1^2+a_2^2+\cdots+a_n^2$.

∴ 当 $x=\dfrac{1}{n}(a_1+a_2+\cdots+a_n)$ 时离差的平方和最小.

（三）数学理论、反思回味

归纳结论：我们把 n 个数据的 a_1，a_2，$\cdots$，a_n 的算术平均数 $(a_1+a_2+\cdots+a_n)/n$，叫做平均数（均值），记为 $\bar{a}=\dfrac{a_1+a_2+\cdots+a_n}{n}=\dfrac{1}{n}\sum_{i=1}^{n}a_i$（简记）.

反思回味：回味上述过程，设元 $x\to$ 选择刻画量 $\to$ 转换为 x 与离差的平方和最小 $\to$ 二次函数最小值问题 $\to$ 得到奇妙的和谐形式：算术平均数. 这是数学在统计学中的运用，在今后的统计与概率的学习中还将继续发挥作用.

（四）数学运用、解决问题

1. 验证、举例

让学生用计算器操作，验证，重力加速度的最佳近似值为 $x = 9.774 \text{ m/s}^2$；

师让学生举几个平均数的例子：举了班级平均分、学校平均分、日平均气温等．

2. 例题分析

例1 某校高一年级甲、乙两个班级（人数各50）的语文测试成绩（总分为150），试确定这次考试中，哪个班的语文成绩更好一些．

两班各有50个数据（略）．为了求得甲、乙两个班级的平均分，教师在电脑 Excel 表格上点了一下"Average"，马上出现甲班的平均分为101.1；同样点击，出现乙班的平均分为105.4．学生得出结论：这次考试乙班成绩要好于甲班．

例2 用抽样频率分布表（单位：h），现场统计我们高一8班学生日睡眠时间，并估计我校高一学生的日平均睡眠时间．

如图 2-2-18 所示，教师请大家估算自己每天的睡眠时间，举手，由数学课代表统计，教师在 Excel 表格上操作（如图 2-2-19 所示）．

睡眠时间	人数	频率
[6, 6.5)	5	0.1515
[6.5, 7)	7	0.2121
[7, 7.5)	11	0.3333
[7.5, 8)	6	0.1818
[8, 8.5)	3	0.0909
[8.5, 9)	1	0.0303
合计	33	1.0000

图 2-2-18

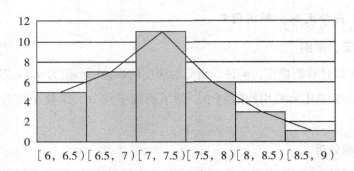

图 2 - 2 - 19

当画好频率分布直方图、折线图后，教师问：从这张频率分布直方图中，你能做出什么估计？

生 10：[7，7.5）最多，约有三分之一.

师：我们换个角度，平均睡眠时间约为多少？如何计算？

生 11：用每一个区间两个端点的平均数乘以频数，再相加.

师：为什么呢？

生 12：用左边值偏低，右边值又偏高.

师：有道理，对于折线图，试想：如果把组距变得越来越小，那么这张折线图将变成什么图？

生：光滑的密度曲线.

师：这非常接近实际情形，因此取组中值较为合理. 我们一同来计算平均睡眠时间.

（教师板书）高一（8）班学生每天的总睡眠时间约为：

$6.25 \times 5 + 6.75 \times 7 + 7.25 \times 11 + 7.75 \times 6 + 8.25 \times 3 + 8.75 = 238.25$（h）.

故平均睡眠时间约为 7.22（h）

生 13（解法 2）：求组中值与对应频率之积的和：$6.25 \times 0.1515 + 6.75 \times 0.2121 + 7.25 \times 0.3333 + 7.75 \times 0.1818 + 8.25 \times 0.0909 + 8.75 \times 0.0303 = 7.22$（h）.

师：生 13 的方法可以推广吗？

生：能（许多同学）.

得结论 2：若取值为 x_1，x_2，$\cdots$，x_n，的频率分别为 p_1，p_2，p_3，$\cdots$，p_n，

则其平均数为：$\overline{a} = x_1p_1 + x_2p_2 + \cdots + x_np_n$. 因此也称平均数为"加权平均数".

（三）尝试练习（其中 1、3 合作版演）

（1）（课本例 3 改编）某单位年收入（单位：万元）在 2 到 2.5、2.5 到 3.0、3.0 到 3.5、3.5 到 4.0、4.0 到 4.5、4.5 到 5.0、5.0 到 6.0 之间职工所占的比例分别为 10%、15%、20%、25%、15%、10% 和 5%. 试估计该单位职工的平均年收入.

（2）课本第 65 页练习第 3 题.

（3）课本第 65 页练习第 4 题.

（1）（2）（略）；对于（3），教师问学生"为什么？"

生 16：用公式 2 得 $3 \times 0.3 + 2 \times 0.5 + 1 \times 0.1 = 2$.

（五）回顾小结、作好铺垫

（1）请同学们谈谈感受最深的一点：

有位学生说道：通过今天的学习，我们理解了老师为什么总喜欢计算平均分数，做物理实验时，在测量物体的速度时，为什么说平均数是"最佳"的. 另一位学生说：真巧！使得离差的平方和最小的数，推导出来的就是算术平均数.

教师补充：在之后学到的线性回归方程的系数公式中，你会再次感受到平均数是"最佳"的特征数.

（2）求平均数的两个计算公式分别是：（1）（2）（略）.

（3）大家请看一段网络民谣：张家有财一千万，九个邻居穷光蛋，平均起来算一算，个个都是张百万. 大家在笑声中感到：用平均数估计总体也有其不足，有的需要修正.

二、教学反思

透过上述课堂片段，不难发现，这堂统计课平实、自然，有一些可圈可点之处，值得总结与品味.

1. 选材贴近学生，适时渗透数学史，提升学生学数学的兴趣（略）

2. 以问题引导探究，"估计"与"推理"相结合，着力发展学生的思维

通过问题驱动，引领学生活动与思考，已成为数学教学工作者的共识.

数学中常出现一些相反意义的量，如：动与静、正与反，常量与变量，方程与不等式……，用样本估计总体是近似的关系，但"平均数"的推理过程和结果表达式又是精确关系，近似与精确这对相反意义的量在这堂统计课中共存，这种辩证思想闪耀着理性的光芒，需要我们细心品味.

（1）三问"为什么？"作铺垫、引冲突、揭算理（略）.

（2）经常作估计，体现统计思想（略）.

（3）对算理实施局部探究[5]，发展理性思维.

数学教学的核心在于思维，面对一个个具体的问题，如何研究呢？教师提示："不妨把它抽象成一个一般的问题"，是对学生渗透研究问题的策略和方法，如：具体问题一般化，抽象问题特殊化，正难则反等.

第一步，尝试、探索问题的几种可能性

面对"要使得 $x-a_1$，$x-a_2$，$x-a_3$，$\cdots$，$x-a_n$，尽可能小！而上述离差有正有负，怎么办？"的问题，教师预留给学生 2—3 分钟的时间思考，之后的交流则是充分展示思维过程.

方案一和二各有其不足. 教师提示：有没有既合理又便于操作的办法？

方案三是联想初中的方差，使 $[(x-a_1)^2+(x-a_2)^2+\cdots+(x-a_n)^2]/n$ 最小.

第二步，问题简化与转化

要使方差最小，只要 $(x-a_1)^2+(x-a_2)^2+\cdots+(x-a_n)^2$ 最小，设其为 y，问题就转化为：当 x 取何值，y 最小？

第三步，程序化解答

对于二次函数的最值问题，有程序化的算法，当 $x=(a_1+a_2+\cdots+a_n)/n$ 时，离差的平方和最小.

这是一次在教师引导下，学生局部探究未知领域——"尝试、探索→问题简化与转化→程序化解答"，随着问题的深入，学生一直在积极思考，对近似的关系竟然得出精确的结果，感到很神奇，从而体会理性思维的魅力，体会数学的魅力. 有助于学生养成说话、办事有理有据的习惯，同时渗透简化意识.

（4）开展合作学习，兼顾有效教学（略）.

3. 开好头、结好尾，承上启下，使学生获得全面、系统的认识（略）

我们欣喜地看到，经过教者的创编——挖掘教材、精心预设、关注生成，使得原本单薄、简单、枯燥的内容竟呈现出饱满、生动、有趣等特点，演绎出精彩. 可见，教学需要再创造. 试想：如果能使每节课都成为对以前课堂的突破，看见学生在不断进步和成长，那么，就能让数学教学变成一种创造和享受，从而提升数学教师的幸福指数.

教学生学会思考

——观"椭圆的几何性质（一）"教学有感

在一次市级公开课教学活动中，江苏省特级教师李老师开设了一堂"椭圆的几何性质（一）"展示课. 李老师别具匠心的设计，给听课老师留下了深刻的印象. 笔者觉得李老师是以研究的视角设计教学，在践行一种理念：教学生学会学习、学会思考. 以下透过这堂新授课的几个教学片段，谈谈自己的拙见.

一、通过问题及素材，教学生思考如何处理信息

在新授课教学中，有的教师在不停地指挥一下往东，一下往西，学生在盲目执行操作指令. 实践表明：这种来得不"自然"，学生不理解、想不到的思路，往往是低效的. 因此，需要教师选择合理的素材、设计"自然"的思路，让学生学习处理信息，主动思考，是解决这一问题的有效途径.

【教学片段1】 追溯源头，导入新知

（一）提出问题，自然导入

问题一：学习了椭圆的标准方程，接下来，你觉得应该学习什么？

生：椭圆的几何性质.

师：为什么？

生：学了方程，就要用起来.

师：对！这正符合解析几何的基本思想，以代数方法来研究几何问题.

问题二：椭圆有哪些几何性质？

生：?

（二）提供素材，初步梳理

（1）正弦函数的代数性质：

定义域R，值域（有界性）$[-1，1]$，周期性、奇偶性、单调性等．

（2）圆的几何性质，如图2-2-20所示：

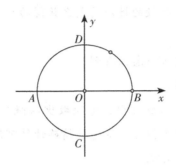

图2-2-20

① 圆是一个轴对称图形，也是一个中心对称图形．

② 垂直于弦的直径平分这条弦，弦心距、弦长之半、半径构成直角三角形等．

若给出圆 O 的方程：$x^2 + y^2 = r^2$，则：

③ 圆的范围：圆 O 落在直线 $x = \pm r$ 和直线 $y = \pm r$ 的正方形区域内．

④ 圆与坐标轴的交点：圆 O 与 x 轴、y 轴各有两个交点（$\pm r$，0），（0，$\pm r$）．

师：根据上述素材，请你梳理一下，椭圆可能有哪些几何性质？

生1：对称性；

生2：奇偶性．

师：奇偶性体现在几何图形上是对称性．

生3：椭圆的范围，椭圆应该在一个矩形内．

生4：椭圆与 x 轴、y 轴各有两个交点．

师：说得对！根据④，圆的直径和弦（非直径）有垂直关系，得 $k_{AB} \cdot k_{OP} = -1$，那么椭圆是否也有类似性质？譬如 $k_{AB} \cdot k_{OP} = ?$ 作为课后思考题．

学生回答，教师板书，椭圆有下列几何性质：

（1）范围问题；

（2）对称性；

（3）与坐标轴的交点问题；

（4）其他．

（三）过渡问题，揭示目标：

师：三角函数中正弦函数的性质是怎么获得的？

生：从图象观察得．

师：椭圆的这些性质可以怎么得到？

生：通过图象观察得到．

师：华罗庚说，数缺形少直观，形缺数少入微．神舟飞船的几位航天英雄安全返回，具体落在哪个位置，不通过精确计算可能吗？今天就要用"数"（方程）研究椭圆的几何性质．

观感：问题一"学习了椭圆的标准方程，接下来，你觉得应该学习什么？"是从旧知过渡到新知，从知识体系的需要，给出一个自然的发问，追问"为什么？"是为强化解析几何的基本思想．问题二"椭圆有哪些几何性质？"学生一时答不上来，情有可原．这是因为教材上是第一次接触椭圆的几何性质，不知道可以从哪些方面表述．其二，椭圆的几何性质是本节课的重点，今后学习双曲线、抛物线的几何性质，只要类比学习即可．其三，如果直接告知，则助长了学生的依赖心理，不利于学生主动学习、主动发现问题．

因此，教师提供一段素材，让学生通过探索与梳理，了解其几何性质指的是哪些方面，从而明确本课的学习目标．学生根据素材，能类比找出对称性、范围、交点等一些共性的性质．通过这一次素材的提醒，学生知晓如何处理信息，今后遇到类似问题，就有法可依了，可谓别出心裁，它有助于学生主动学习、学会思考．但课堂反馈，学生不太习惯，因为原来很少这样设计．但不可小视这第一次，因为积少可成多，积沙能成河．

二、通过经历简单推理，教学生学习以代数推理研究几何问题

新课标崇尚数学的理性精神，坚持以理性或以理性为基础的思维方法作

为判断真假、是非的标准. 史宁中教授把"推理思想"作为新课标的三大基本思想之一, 且代数推理题一直是高考的热点题型之一, 为了提升推理证明的能力, 有必要从高一开始, 充分挖掘教材中推理证明的"点". 在本节课的教学中, 有些教师从椭圆的图形中观察出椭圆的性质就结束, 接着让学生记住, 这是他们没有意识到推理证明的重要性, 没有体会到教材的用意, 以代数方程推出几何性质, 能体现"圆锥曲线"单元的重点——解析几何的基本思想. 李老师深入钻研课标与教材, 有意加强代数推理的训练, 进行如下的设计.

【教学片段2】 学生活动、探究椭圆几何性质

教师引导: 从椭圆方程 $\dfrac{x^2}{a^2} + \dfrac{y^2}{b^2} = 1(a > b > 0)$ 出发, 研究椭圆的几何性质.

(以焦点在 x 轴为例, 黑板上画出椭圆, 如图 2−2−21 所示)

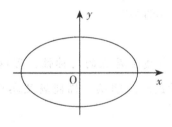

图 2−2−21

(一) 范围

问题一: 从椭圆图象上观察, 请说出椭圆上点的横坐标的范围和纵坐标的范围.

生: $-a \leqslant x \leqslant a$, $-b \leqslant y \leqslant b$.

师: 如何从代数角度证明呢?

由 $\dfrac{y^2}{b^2} \geqslant 0$, 得 $\dfrac{x^2}{a^2} \leqslant 1$, $x^2 \leqslant a^2$, $\therefore -a \leqslant x \leqslant a$.

同理, $x - b \leqslant y \leqslant b$.

师: 这说明椭圆在什么范围内?

生: 椭圆位于直线 $x = \pm a$ 和 $y = \pm b$ 所围成的矩形区域内.

师：我们还有其他途径加以证明吗？

生：？

师：由"平方和为1"的形式，你联想到什么？

生：三角代换． $\dfrac{x^2}{a^2} = \cos^2\theta, \dfrac{y^2}{b^2} = \sin^2\theta$ 则 $x = a\cos\theta, y = b\sin\theta$（＊），

由 $\cos\theta, \sin\theta$ 的值域，得 $-a \leqslant x \leqslant a$ 且 $-b \leqslant y \leqslant b$．

师：（＊）就是今后要学习的椭圆的参数方程，角 θ 有特定的几何意义．

师：我们在实施代数推理中，常用平方式的非负数，真数大于零等结论，主要涉及到定义域问题；实施代数推理其实是一种数学变形、转化的过程，还常用三角代换方式．

（二）对称性

问题二： 从椭圆的图象上看，椭圆具有怎样的对称性呢？

生：关于 x 轴、y 轴对称，还有关于原点中心对称．

师：你能从代数角度证明吗？

生：？

师：曲线的对称性，本质上是点的对称性，可以将椭圆的对称性转化为其上某一点的对称性来考虑．先明确：椭圆满足怎样的条件，才算是关于 y 轴对称？

如果椭圆上任意一点关于 y 轴的对称点都在该椭圆上，则椭圆是关于 y 轴对称的．

设点 $P(x, y)$ 是椭圆上任意一点，它关于 y 轴的对称点是 $Q(-x, y)$，如果点 $P(x, y)$ 在椭圆上，$Q(-x, y)$ 是否也在椭圆上？

若 $P(x, y)$ 满足椭圆方程，则 $Q(-x, y)$ 也满足椭圆方程，故在椭圆上．

因此，椭圆是关于 y 轴对称．

同理，请一位学生说明：椭圆关于 x 轴对称，关于原点对称．

简单操作：把 x 换成 $-x$，方程不变，说明若点 $P(x, y)$ 在椭圆上，则关于 y 轴对称点 $Q(-x, y)$ 也在椭圆上．

因此，坐标轴是椭圆的对称轴，原点是椭圆的对称中心（简记：椭圆的

中心）．

椭圆既是轴对称图形，也是中心对称图形．合理建系，则能体现这种对称美．

（三）顶点

椭圆与对称轴（坐标轴）的交点问题．

令 $y = 0$ ，得 $x = \pm a$ ，椭圆与 x 轴有两个交点：（ $\pm a$ ，0）；

令 $x = 0$ ，得 $y = \pm b$ ，椭圆与 y 轴有两个交点：（0， $\pm b$ ）．

椭圆与对称轴的交点——椭圆的顶点；顺便介绍长轴、短轴等概念．

观感：李老师在探究椭圆性质时，先通过图形的观察，对结果有个预估，然后进行代数推理，从平方的非负性出发进行代数运算，获得 x ， y 的范围；根据方法的多样性，李老师还提出"我们还有其他途径加以证明吗？"的问题，学生一时难以回答，继续提出"由'平方和为 1'的形式，你联想到什么？"

这时不少学生能想到 $\sin^2 \alpha + \cos^2 \alpha = 1$ ．"对称性"的代数推理是教学难点之一，教师先解释一下，曲线的对称性本质上是点的对称性，从而转化为"点的对称性"，又明确了"怎样才算图形关于 y 轴对称？"然后分两步推理，有效化解了难点．关于推理问题，其一，提醒学生不要小看这些简单的推理，以小可见大，重在教学生培养推理意识，坚持就有收获；其二，教学生认识到，实施代数推理其实是一种数学变形、转化的过程，常用三角代换方式，常涉及一些函数的定义域；其三，操作中，既需要教师的引导、追问，也需要低起点、小步子，逐步渗透、分层训练．

三、通过经历局部探究，教学生学习数学探究的方法

新课标倡导通过各种不同形式的探究活动，让学生体验数学发现和创造的历程，促其养成独立思考、积极探索的习惯．波利亚指出"学习任何东西，最好的途径是自己去发现"，建构主义认为：知识不是被动接受的，而是认知主体积极建构的．离心率是第一次出现的概念，其大小（以 1 为界）能区分出椭圆、双曲线和抛物线，是解析几何中的核心概念，理解引入离心率的必

要性和合理性，弄清其来龙去脉，体验知识的发生发展过程，就显得尤为重要．基于此，李老师对于椭圆离心率的设计，采用了局部探究的教学方式，教学生学习如何进行探索、发现结论．

【教学片段3】

请你尝试（练习1）求出下列椭圆的长轴长、短轴长、顶点坐标，并画出草图．

(1) $\dfrac{x^2}{25} + \dfrac{y^2}{16} = 1$；

(2) $\dfrac{x^2}{25} + \dfrac{y^2}{4} = 1$．

（学生回答、通过椭圆的范围画图）

之后，教师引领学生对离心率实施局部探究．

第一步，提出问题、明确目标

师：从上述两个椭圆图形，你看到的最大差异是什么？

生：扁、圆不同．

师：用一个什么"量"来刻画这种"扁"的程度？

第二步，回到定义，观察思考

师：一般地，要找到这个量，可以从哪里入手？

生：？

师：有困难，可以回到定义．

师：定义涉及哪些量？（焦距 $2c$、距离之和 $2a$）

师：椭圆的"扁"的程度，是否与这两个量有关呢？

（学生思考，难以回答）

第三步，实验演示，观察发现

教师《几何画板》演示，请学生观察：说明一个什么问题？

(1) 固定 $2c$，变化 $2a$；

生：a 越大则椭圆越圆，a 越小则椭圆越扁．

(2) 固定 $2a$ 变化 $2c$．

生：c 越大则椭圆越扁，c 越小则椭圆越圆．

第四步，比较分析，抽象概念

师：能否把这两个量整合为一个量，以刻画"扁"的程度呢？

师：由上可知，c 与这个量成正比，即 $k_1 c$，a 与这个量成反比 $\dfrac{k_2}{a}$，因此可以用 $k_1 k_2 \dfrac{c}{a}$ 表示．

师：能再简化吗？

生：取 $k_1 k_2$ 为 1，即 $\dfrac{c}{a}$ 最合适．

定义：$e = \dfrac{c}{a}$ ——椭圆的离心率．

教师继续《几何画板》演示，让学生观察得：e 越大（靠近 1），则椭圆越扁，e 越小（靠近 0），则椭圆越圆，因此，离心率 e 的范围是（0，1）．

投影行星轨道图及说明，介绍太阳系中行星运动的轨道在不同的椭圆上，有的离心率与 0 接近，如地球、火星、天王星，分别为 0.017，0.093，0.046，轨道近似于圆，而哈雷彗星的离心率与 1 接近，高达 0.96，轨道很扁，其余行星是介于它们之间．

离心率这个重要的量，数值的大小还可以把今后将学的其他圆锥曲线联系起来、区分开来．

之后，教师让学生说出：焦点在 y 轴上的椭圆的几何性质．

观感：李老师在处理椭圆离心率时，先设计一道练习，有三个功能：一是根据椭圆的标准方程会求长轴长、短轴长、顶点问题，达到及时巩固；二是利用椭圆的几何性质（范围、对称性、顶点），会画椭圆的草图，学以致用；三是为下面探究椭圆的离心率作铺垫，可谓一箭三雕．对椭圆离心率的局部探究，李老师着眼于培养学生的探索能力，以先观察图形、自然地提出问题，遇到问题，提示学生可回归定义，与定义中的 a、c 具有什么关系呢？探究遇阻，进行实验，教师预设好《几何画板》a、c 的固定与变化的按钮，借助《几何画板》动态功能，学生观察出，探索的量与 a 成反比，与 c 成正比，再比较、分析，简化得 $\dfrac{c}{a}$，定义为离心率．这四个环节，环环紧扣，层层递进，问题和操作都很自然，符合学生的认知心理与认知过程．更重要的是，李老师让学生亲身经历这一探究性教学的过程，今后遇到类似问题，学生也会按这些步骤进行，先提出问题、明确目标，通过观察、联想旧知，遇到困难，回归定义或数形联想，或引入实验操作．这样，教学重点就落在了教学生如何学习，如何思考与探索上．也让学生体验到进行数学探索后，突破难点的乐趣．最后投影行星运动轨道图及不同离心率的数值，让学生再次感受离心率的存在价值．

四、通过经历问题解决，教学生学习解决问题的策略

高中课程标准注重发展学生的数学应用意识，促进学生逐步形成解决问题的一些基本策略，发展实践能力和创新精神．本课为一节新授课，其中数学运用环节是起巩固新知的作用，难度不能大，量不宜多，但需抓住要点．李老师通过巧妙预设一道例题、两道小练习，教学生解决问题的方法．

【教学片段4】 在数学运用环节，教师出示下列问题

例1：（1990年高考题改编）设椭圆方程为 $\dfrac{x^2}{4}+y^2=1$，右顶点 A 为____，

下顶点 B _____，离心率为_____．记点 $P\left(0,\dfrac{3}{2}\right)$，如图 2 - 2 - 22 所示．

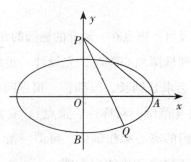

图 2 - 2 - 22

（1）求 PA，PB；

（2）在椭圆上求一点 Q，使得 PQ 最大．

解析：

（1）学生计算，报答案：$PA=PB=\dfrac{5}{2}$；

（2）一位学生说，教师板书：设椭圆上的动点 Q (x, y)，$PQ = \sqrt{x^2 + \left(y - \frac{3}{2}\right)^2} = \sqrt{-3\left(y + \frac{1}{2}\right)^2 + 7}$. 当 $y = -\frac{1}{2}$ 时，PQ 取最大值为 $\sqrt{7}$，此时 $Q\left(\pm\sqrt{3}, -\frac{1}{2}\right)$.

教师追问：y 能取得 $-\frac{1}{2}$ 吗？为什么？

生：能，因为椭圆的范围 y 在 $[-1, 1]$. 教师让学生观察点 Q 的位置，不在 A 和 B 点.

变式：设椭圆为 $\frac{x^2}{4} + \frac{y^2}{n} = 1$，离心率变为 $\frac{1}{2}$，最远距离的动点 Q 会落在什么位置呢？

简解：设 Q (x, y)，$PQ = \sqrt{x^2 + \left(y - \frac{3}{2}\right)^2} = \sqrt{-\frac{1}{3}\left(y + \frac{9}{2}\right)^2 + 13}$，

$\therefore$ $-\sqrt{3} \leqslant y \leqslant \sqrt{3}$，

当 $y = -\sqrt{3}$，Q 为 $(0, -\sqrt{3})$ 时（即点 B），PQ 取得最大值 $\frac{3}{2} + \sqrt{3}$，而 $PA = \frac{5}{2}$.

课后思考3：（见小结）

练一练

如图 2 - 2 - 23 所示，已知椭圆的中心 O 在坐标原点，焦点在坐标轴上.

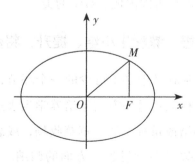

图 2 - 2 - 23

（1）若椭圆短轴上的两个端点与长轴的两个焦点构成一个正方形，则椭

圆的离心率为_____;

（2）如图 2-2-23 所示，若 M 为椭圆上的点，F 为右焦点，$MF \perp OF$，且 $FM = OF$，则该椭圆的离心率为_____.

学生思考，尝试练习.

（1）简单（略）；

（2）只要抓住 $OF = FM$，当 $x = c$ 时，代入椭圆方程，得 $y_M = \dfrac{b^2}{a}$，$c = \dfrac{b^2}{a}$，消 b，可得 $e = \dfrac{\sqrt{5}-1}{2}$.

师：结果恰好为黄金分割比，说明数学美无处不在.

学生解答后，师生归纳求解离心率问题策略：

1. **关键**——找一个关于含 a、b、c 的等式，消 b.

2. **基础**——明确 a、b、c 的几何意义.

观感：例 1 是一道高考题的改编题，一是根据椭圆的标准方程会求顶点坐标和离心率问题，属于数学基础知识的考查；二是一个最值问题，需要通过建立目标函数，转化为函数的最值问题，从中是几何性质中的范围和离心率在起作用，求 FM 则再次体现解析几何的基本思想. 设计"变式问题"，让学生从多角度、多方位进行探究同一类问题，使一个题变为一类题，达到举一反三的目的，有助于学生抓住本质、提升解题能力. 练一练（2）的设计是一箭三雕，既便于归纳求解离心率的解题策略，还再次体现了利用代数方法求解几何问题的思想，而且再次体现了数学的美.

五、通过回顾反思，教学生小结、提升，将数学思考延伸到课外

课堂小结是数学课堂教学中必不可少的一个环节，一方面是帮助学生理清所学内容、形成知识框架，另一方面是培养学生表达、归纳的能力. 现实中某些教师对于课堂小结或重视不够、草草收场，或总结不到位，只重知识罗列，忽视过程、方法以及数学思想等方面的归纳. 李老师在教学环节中，不仅设计了小结，而且还设计了课外反思，这对学生数学思维能力的培养很有帮助.

【教学片段5】 在小结与反思阶段，教师让学生谈谈收获

生1：这节课，我们经历了一次从椭圆标准方程出发，推导椭圆的简单几何性质，重点是探索离心率的发现过程．

生2：知道了椭圆的四个性质，范围、对称性、顶点坐标、离心率；还知道了椭圆方程中 a，b，c，e 的几何意义．

（这时，下课铃响了）．

教师肯定了两位同学说的，一次经历，一次收获，还有一次体会，体会到数学思想方法：数形转化、函数与方程、类比等对于解决问题的重要性！

然后投影"课后思考"：

（1）如图 2-2-24 所示，圆的直径和弦有一种垂直关系，符号表示 $k_{AB} \cdot k_{OP} = -1$，那么椭圆是否有类似的关系呢？$k_{AB} \cdot k_{OP} = ?$ 今后将探求；

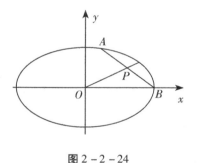

图 2-2-24

（2）椭圆"扁"的程度是否一定要用离心率 $\frac{c}{a}$？用 $\frac{b}{a}$ 可以吗？

（3）设 Q 是椭圆 $\frac{x^2}{a^2} + \frac{y^2}{b^2} = 1$ 上异于点 A、B 的一点，当离心率 e 为何值时？①$PA = PQ$；②$PB = PQ$.

观感：在课堂小结中，李老师按照学生所说，通过三个"一次"，让学生不仅收获了椭圆的几何性质，而且体验了知识的探索过程以及数学思想方法的应用．课后思考一从圆中某个关系联想到椭圆中是否有类似的结论，再次类比；思考二对离心率的延展探索，思考三在于通过问题解答，再次强化离心率这一重、难点．这组课后思考，意在促进学生思考，将思考延伸到课外，促进学生思维能力的提升．

　　课堂教学是一门遗憾的艺术，这堂课的主要缺憾是时间紧，以至于中间的探究性教学难以顺利展开，小结匆忙，主要缘于学生很少见到这样设计的数学课，不习惯，双方交流不够默契．如果是在层次更高的班级教学，离心率的探究可以从定义的两个要素 a，c 和标准方程的两个要素 a，b 分别探究，再用《几何画板》对比演示，让学生观察、对比，则更有利于学生创新性思维的培养．

　　李老师着眼于学生的发展，通过挖掘教材，精心设计过程，教学生学会学习、学会思考，服务于数学教育的根本目标，才让这一堂课演绎出精彩！然而，这是一个长期曲折过程，润物细无声，需要数学教育人不断努力前行．

尝试、猜想、联想、转换、对比、判断

——求解探究性数学问题的一组关键词

高中数学新课程倡导通过各种不同形式的自主学习、探究活动，激发学生的学习兴趣，让学生体验数学发现和创造的历程．数学探究是新课程的一个重要特征，它是以独立思考和深度思维为主的探究活动．近年来各地的高考数学试卷，都设置有 2－3 道探究性试题，内容涵盖函数、数列、三角、几何等多个门类．试题常常表述为：是否存在……，使得……；是否为定值（最值）？你能得……结论吗？等等，其主要特征是结论不确定、方向不明朗，需要学生具备一定的自主探究的能力，构成了学生的难点．我们认为可以采用探究性的活动（观察、尝试、猜想、类比、联想、论证等）去破解探究性的问题．以下通过几个案例，探讨求解探究性问题的路径和方法，梳理出一组关键词．

一、尝试、猜想——求解探究性问题之"基"

探究性问题由于方向不明，往往需要先尝试，即所谓"试一试"，往往是进行一些特殊化处理，以获得解题方向，了解某些思路的可行性，之后进行猜想、验证．

案例 1　江苏卷 2007 年压轴题（20）的探究路径

试题　已知 $\{a_n\}$ 成等差数列，$\{b_n\}$ 是公比为 q 的等比数列，$a_1 = b_1$，$a_2 =$

$b_2 \neq a_1$，记 S_n 为数列 $\{b_n\}$ 前 n 项的和.

（1）（略）

（2）（略）

（3）是否存在这样的正数 q，使得等比数列 $\{b_n\}$ 中有三项成等差数列？若存在，写出一个 q 的值，并加以证明；若不存在，请说明理由.

解析：

本题的关键是能否在等比数列 $\{b_n\}$ 中找到某三项，使之成为等差数列，而"证明"则要容易得多.

尝试一：先尝试一下数列 $\{b_n\}$ 中的前三项，若 b_1，b_2，b_3 成等差数列，则 $2b_2 = b_1 + b_3$，$2b_1q = b_1(1 + q^2)$. 因 $b_1 \neq 0$，得 $q = 1$，与条件得到的"$d \neq 1$ 且 $q \neq 1$"矛盾，故 b_1，b_2，b_3 不成等差数列.

尝试二：若 b_1，b_2，b_3 成等差数列，则 $2b_2 = b_1 + b_4$，$2b_1q = b_1(1 + q^3)$，$2q = 1 + q^3$，因 $q \neq 1$，故 q 不可能为整数. 可以尝试画张草图（略），它有两个交点，即方程 $2q = 1 + q^3$ 有两个解，其中一个解 $q = 1$，另一个解 $0 < q < 1$，故猜想：q 有可能是黄金分割比，即 $q = \dfrac{\sqrt{5}-1}{2}$，再验证：当 $q = \dfrac{\sqrt{5}-1}{2}$ 时，$q^3 - 2q + 1 = q(q^2 - 2) + 1 = \left(\dfrac{\sqrt{5}-1}{2}\right)\left(\dfrac{-1-\sqrt{5}}{2}\right) + 1 = 0$. 因此，存在正数 q，使得等比数列 $\{b_n\}$ 中有三项成等差数列.

评注：本题通过两次尝试，结合画图，做出猜测，经过验证，获得了成功. 假如第二次没能成功，还可以尝试 1、3、5 三项和 2、3、5 三项. 当然，本题也可以通过试根，对 $q^3 - 2q + 1$ 因式分解，求出 $q = \dfrac{\sqrt{5}-1}{2}$，但该解答有超纲之嫌. 从本案例可以看出，这道高考试题的命制人员确实高明，他既是为新课标探究理念作一点渗透，为江苏省新高考（2008 年）作一点铺垫，又是在巧妙渗透数学之"美"——黄金分割，诠释了探究之"基"，精彩极了！

因为目标不明，所以需要尝试. 有了"尝一尝"，才知道梨子的味道，才知道美味佳肴鲜美在哪. 尝试主要包括一般问题特殊化、抽象问题具体化等. 而特殊化（赋特殊值、选特殊函数、取特殊点），画模拟图是"尝"的主要途径. 尝试后,有时需要猜想、验证,以寻求探究问题的突破口;当尝试、猜想遇到困难时,才考虑转向. 因此,"尝试、猜想"构成了解决探究性问题的基础.

二、联想、转换——求解探究性问题之"核"

解决某些探究性问题,如果经过若干次尝试,致思维受阻,就需要分析原因,调整策略,根据题设进行联想、转换,进行新的尝试.

案例 2　在高三函数习题课上,师生对一道问题的探究路径

教师呈现下列问题,让学生思考、探索、求解.

问题:已知函数 $f(x) = \dfrac{e^{|x|} - b\sin x + 1}{e^{|x|} + 1}$ 在 $[-\lambda, \lambda]$ （$\lambda > 0$, $b > 0$）最大值为 M,最小值为 m,求 $M + m$ 的值.

解析:课堂反馈如下:

尝试一:利用导数判断函数的单调性. 但因含有绝对值的分式函数,求导过程非常复杂,难以操作.

尝试二:用特殊值探路. 注意到条件中定义域 $[-\lambda, \lambda]$ 的结构特征,是一个对称区间,可以将 $x = 0$, $x = \pm\pi$, $x = \pm\dfrac{\pi}{2}$ 代入计算,可推测出结果为 2. 但这是一道解答题,结论是否正确,需要进行推理论证.

分析联想:审视目标,欲求函数的最值,联想到函数的单调性、奇偶性;根据分子分母的相近性,分离常数 $\dfrac{e^{|x|} - b\sin x + 1}{e^{|x|} + 1} = 1 - \dfrac{b\sin x}{e^{|x|} + 1}$,因 $y = \sin x$ 为奇函数,且 $b > 0$,得函数 $g(x) = \dfrac{b\sin x}{e^{|x|} + 1}$ 也为奇函数. 而奇函数具有性质 $g(-x) = -g(x)$,可得 $[g(x)]_{\max} + [g(x)]_{\min} = 0$. 而 $g(x) = 1 - f(x)$,故 $1 - M + (1 - m) = 0$,即 $M + m = 2$.

评注:"联想"是因某人或某事而想起其他相关的人或事,沟通新旧知识的内在联系. 在处理一些新颖问题时,如果能根据已知与未知间的某种联系产生联想,并运用知识的正迁移规律,则有益于问题的顺利解决. 联想包括接近联想和对立联想等. 案例 2 是在两次尝试受挫后,根据最值与单调性、

奇偶性的相近性引发联想,而获得成功,属于不战而胜,乃解题之上策. 又

如一道匈牙利竞赛题:"a,$b \in \mathbf{R}$,试求对任意 $x > 1$,$ax + \dfrac{x}{x-1} > b$ 成立的充

要条件",由左边的形式,易联想基本不等式,凑成倒数型 $a(x-1) + \dfrac{1}{x-1} +$

$a + 1 \geqslant (\sqrt{a} + 1)^2$,可得条件 $\sqrt{a} + 1 > b$,体现了接近联想的魅力. 解决探究

问题还常用正面与反面、一般与特殊的对立联想等等.

案例3 一道函数、数列综合问题的探究路径

在一次区高三研讨课上,教师 B 呈现如下一道综合问题.

问题:已知函数 $f(x)$ 是定义在区间 $(-1,1)$ 上,$f\left(\dfrac{1}{2}\right) = -1$,且当 x,

$y \in (-1,1)$ 时,恒有 $f(x) - f(y) = f\left(\dfrac{x-y}{1-xy}\right)$,又数列 $\{a_n\}$ 满足 $a_1 = \dfrac{1}{2}$,

$a_{n+1} = \dfrac{2a_n}{1 + a_n^2}$.

(1)证明:$f(x)$ 在区间 $(-1,1)$ 上是奇函数;

(2)求 $f(a_n)$ 的表达式.

解析:解决这一类抽象函数的问题,通常做法是赋值,以下是几位学生

的解答要点.

(1)赋值:①令 $x = y = 0$,$f(0) = 0$;②令 $x = 0$,$y = -x$,$f(-x) =$

$-f(x)$,得证;

(2)欲求 $f(a_n)$ 的表达式,由递推关系 $a_{n+1} = \dfrac{2a_n}{1 + a_n^2}$,先求通项.

尝试一:取倒数,$\dfrac{1}{a_{n+1}} = \dfrac{1}{2a_n} + \dfrac{a_n}{2}$,失败!

尝试二:取一组特殊值观察:$a_1 = \dfrac{1}{2}$,$a_2 = \dfrac{4}{5}$,$a_3 = \dfrac{40}{41}$,$a_4 = \dfrac{2 \times 41 \times 40}{41^2 + 40^2}$,

……看不出规律.(学生一时缺乏思路、陷入迷茫)

反思一下,尝试一、二都是在试图求出 a_{n+1} 与 a_n 的关系,而目标是寻求

$f(a_n)$ 的表达式,探求 a_{n+1} 与 a_n 的关系不是必要步骤,再观察条件式 $f(x) -$

$f(y) = f\left(\dfrac{x-y}{1-xy}\right)$,考虑赋值.

尝试三: 令 $x = a_{n+1}$,$y = a_n$,代入条件中得 $f(a_{n+1}) - f(a_n) = f\left(\dfrac{a_{n+1} - a_n}{1 - a_n a_{n+1}}\right)$,$f\left(\dfrac{a_{n+1} - a_n}{1 - a_n a_{n+1}}\right) = \cdots = f(a_n)$,发现 $f(a_{n+1}) - f(a_n) = f(a_n)$,则 $f(a_{n+1}) = 2f(a_n)$.

所以 $f(a_n)$ 是公比为 2 的等比数列,可得 $f(a_n) = -2^{n-1}$,大功告成!

(课堂反馈:探究成功的喜悦写在师生的脸上)

评注: "转换"即换一个视角,包括逆向转换、数形转换、逻辑转换等等. 案例 3(1)中两种赋值学生是熟悉的,但(2)中的赋值 $x = a_{n+1}$,$y = a_n$,不少学生"想不到",或者说不习惯,但通过分析原因,转换角度,得出它的赋值也很自然!

案例 2 和 3 都是关于最值的综合性问题,当尝试没能成功,怎么办?应向学生说明:科学的探究往往不是几次就能奏效,有一种名为"1605"的农药,是科研人员经过 1605 次实验才获得成功;如果放弃,则与成功失之交臂. 然而,尝试也不能盲目,如果尝试不成功,则需分析原因,寻求对策,根据探究性问题的特点,合理联想,转换角度,再次尝试!将"尝试、猜想"与"联想、转换"有机结合,效果会更佳. 因此,"联想、转换"是解决探究性问题的核心元素. 当然,联想、转换都需要"三基"作保障,"三基"越厚实,联想、转换的路子越多,则获得成功的几率越大.

三、对比、判断——求解探究性问题之"魂"

解决探究性问题,在尝试、猜想、联想、转换之后,可能有几种方案需要对比、优化,可能需要提升和拓展,这就需要我们凭借一双慧眼,发现联系、及时判断、做出选择,以获得成功.

案例 4 2009 年高考江苏卷题(18)的探究路径

试题: 如图 2-3-1 所示:在平面直角坐标系 xOy 中,已知圆 C_1:$(x + 3)^2 + (y - 1)^2 = 4$ 和圆 C_2:$(x - 4)^2 + (y - 5)^2 = 4$.

(1)略.

(2)设 P 为平面上的点,满足:存在过点 P 的无穷多对互相垂直的直线 $l_1 l_2$,它们分别与圆 C_1 和圆 C_2 相交,且直线 l_1 被圆 C_1 截得的弦长与直线 l_2

被圆 C_2 截得的弦长相等，试求所有满足条件的点 P 的坐标.

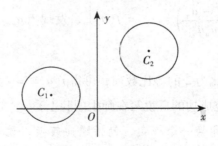

图 2 – 3 – 1

解析：本题因不知道点 P 在何处，需要探求.

思路 1（特殊化） 连接圆心线 C_1C_2，由于两圆的半径相同，本题是过点 P 的两条直线分别截两圆所得的弦长相等，猜测此点可能在 C_1C_2 的垂直平分线上（后面求得的两个定点确实符合）.

已知两动直线 l_1、l_2 的垂直关系，有一个未知点，所以需要先假设直线方程，一般式和截距式显然不合适.

思路 2（设两点式） 设其中一条直线过两点 (x_1, y_1)，(x_2, y_2)，此时，未知点在此直线上，根据垂直关系，另一条直线可以用这四个参数表示，估计其运算量较大.

思路 3（设斜截式） 设 $l_1: y = kx + b_1$，则 $l_2: y = -\dfrac{1}{k}x + b_2$，由截得的弦长相等，可得 b_1、b_2、k 的关系式，判断求 b_1、b_2，还要再联立方程组求交点；

思路 4（设点斜式） 因过同一点，设点 P 的坐标为 (m, n)，$l_1: y - n = k(x - m)$，则 $l_2: y - n = -\dfrac{1}{k}(x - m)$ 即 $x + ky - nk - m = 0$. 由截得弦长相等，可得 m、n、k 的关系式 $\dfrac{|-3k-1-mk+n|}{\sqrt{k^2+1}} = \dfrac{|4+5k-nk-m|}{\sqrt{k^2+1}}$（ * ）.

思路 5（平面几何法） 由从弦长相等、半径相等 $\rightarrow PC_1 = PC_2 \rightarrow$ 点 P 在线段 C_1C_2 的垂直平分线上；由 $l_1 \perp l_2 \rightarrow PC_1 \perp PC_2$，得等腰直角三角形 PC_1C_2. 通过联立方程组可求得点 P 有两个（P_1，P_2），且四边形 $C_1P_1C_2P_2$ 恰好构成

一个正方形，如图 2 - 3 - 2 所示.

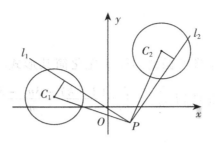

图 2 - 3 - 2

评注： 对比上述几种思路，思路 1 只能获得一个大致方向，但具体为哪一点，还需用一般方法寻求；思路 2 涉及字母多，思路 3 多了一个联立方程组的环节，两者的运算量过大，操作难以成功；对于思路 4 的（＊），如能注意到 k 为变量，m、n 是待求的常数，转化为恒成立问题，即可求出 m、n. 因此思路 4 相对容易操作. 由（＊）可得：$(2-m-n)k = m-n-3$ 或 $(m-n+8)k = m+n-5$，关于 k 的方程有无穷多解，有 $\begin{cases} 2-m-n=0 \\ m-n-3=0 \end{cases}$，或 $\begin{cases} m-n+8=0, \\ m+n-5=0. \end{cases}$ 解得点 P 的坐标为 $\left(-\dfrac{3}{2}, \dfrac{13}{2}\right)$ 或 $\left(\dfrac{5}{2}, -\dfrac{1}{2}\right)$.

思路 5 是在思路 1 的基础上，从平面几何角度的再思考，也是一次从"数"转换到"形"的再探究. 这样，以一对姊妹圆为背景，通过对点 P 的对比探究，得到一对等腰直角三角形和一个完美的正方形，构成了一幅对称、和谐的几何画面，彰显探究的魅力. 另外，对于这类多变量的探究性问题，假设的差异，可能带来运算量的迥异，所以如何设"元"显得尤为重要.

案例 5　2009 年无锡市高考模拟试题（19）的探究路径

试题　已知数列 $\{a_n\}$ 中，$a_1 = -1$，$a_{n+1} = 2a_n + 3n - 3(n \in \mathbf{N}^*)$.

（1）求证：数列 $\{a_n + 3n\}$ 为等比数列；

（2）求数列 $\{a_n\}$ 的前 n 项和 S_n；

（3）设 $b_n = \dfrac{2S_n - k(2^{n+1} - 2)}{n}$，是否存在实数 k，使得数列 $\{b_n\}$ 为等差数列？若存在，求出 k 值；若不存在，说明理由.

解析：以下为一次试题讲评课的简要思路.

（1）略；

（2）略；

（3）其探索是有路可循的，往往先化简其形式. 将 $S_n = 2^{n+1} - 2 - \dfrac{3n^2 + 3n}{2}$ 代入 b_n，整理得 $b_n = \dfrac{2^{n+1}(2-k) - 3n^2 - 3n + 2k - 4}{n}$，出现以下思路：

思路 1 假设存在实数 k，使得数列 $\{b_n\}$ 为等差数列，则 $b_{n+1} - b_n =$ $\dfrac{2^{n+2}(2-k) - 3(n+1)^2 - 3(n+1) + 2k - 4}{n+1} - \dfrac{2^{n+1}(2-k) - 3n^2 - 3n + 2k - 4}{n}$ 应为常数（设为 c），看到这个式子，哇！学生大叫一声，大部分同学感到很繁，一团雾水. 调查发现，几乎没有学生愿意解答下去.

思路 2 用特殊化处理，将 $n = 1，2，3$ 代入 b_n，运算量也比较大，即使少部分学生愿意解答，但正确率也不高.

思路 3 从目标出发，要探求常数 k，使得 $\{b_n\}$ 为等差数列，通项公式应该是一次函数 $kn + b$. 朝着目标形式，需分清 n 是变量，k 是常量，得 $b_n = -3n - 3 + \dfrac{(2-k)(2^{n+1} - 2)}{n}$. 要使 b_n 为等差数列，则 $\dfrac{(2-k)(2^{n+1} - 2)}{n}$ 只能为常数，且为 0，而 $2^{n+1} - 2$ 是变化的，则必有 $2 - k = 0$，$k = 2$. 再验证：当 $k = 2$ 时，$b_n = -3n - 3$，$b_{n+1} - b_n = -3$，为常数，结论成立.

评注： 本例思路 1、2 都因运算量过大，难以解答成功，追求数学简洁美，促使我们转换角度. 思路 3 的解答为何如此简洁、流畅？一个重要的原因在于，它抓住等差（或等比）数列通项的结构特征——一次型（或指数型），对形式及时作出判断.

透视案例 4 和 5，因解决问题的思路、方法不同，致解答过程差异很大，有的磕磕碰碰，有的行云流水. 故在解决"多元变量""是否存在"等一类探究性问题时，需要对问题的大致"走向"做一些预估，对可能出现的几条思路作一些对比、优化，选择合理的解题路径. 庞加莱说："所谓创造，在于甄别，简单地说，就是选择." 命题专家任子朝分析道：直觉思维是思维中最活跃、最积极、最具有创造性的成分，逻辑思维与直觉思维是辩证的互补关系．近年来各地的数学高考加大了对直觉思维的考查力度．直觉思维的最后表现形式即判断，为"临门一脚"．在解答案例 4 时，对于出现多字母的运算问题，需要先分辨出哪个是变量，哪个可以视为待求的常量，作出判断，再转换为恒成立问题；案例 5 得益于抓住问题的本质特征，对形式及时判断．因此，"对比、判断"是解决探究性问题的关键，是"灵魂"，它可以将复杂问题简单化，使解答过程简洁化、流畅化，凸显探究之活力与魅力．

科学探究有三方面的关键词，一是提出问题，二是猜想与假设，三是设计与实验．而解决探究性数学问题应由数学教学自身的特性决定，它也有三方面的关键词，即尝试、猜想，联想、转换，对比、判断，它们构成了一个相互联系、相互依赖的整体．提出这组关键词，其一，是让学生明晰解决探究性问题也是有路可循的，从而增强解决探究性问题的信心，感受数学发现和创造的乐趣；其二，通过求解探究性问题的过程，培养学生的探究意识和创新意识；其三，作为教师，要常怀探究之心、发现之心，苦练探究之功，才能以较高的观点、开阔的视野和广泛的领域，去引领学生探寻未知领域，去发现与创造．

立足课堂，教师为学生提供有效的帮助

新课程要求教师是学生学习的促进者、指导者. 学生在学习进程中，难免有一些困惑和错误，迫切需要教师的帮助. 建构主义教学观认为，数学知识不是简单地通过教师灌输到学生头脑中，必须基于学生个人对经验的操作、交流，通过反省来主动建构，才能起作用. 由此，聚焦课堂，不仅要研究"教"，更要着力研究"学". 那么，如何根据学生在学习过程中出现的障碍，有的放矢，为其提供切实有效的帮助呢？下面以高三数学的例题、习题教学为例，谈谈我们对这一问题所做的一些探讨和粗浅认知.

一、在学生解答迷路时，要善于为其指点迷津

（案例略）

对于一些新颖情境、综合性强的问题，或是解决问题的"拐点"处，往往是学生容易卡壳、迷路之处，需要我们教师常进行换位思考，不仅要了解学生的知识结构，还要从学生角度多想想，可能在哪些问题有困难和疑惑，与学生多交流、勤反馈，熟悉学情，便于课前合理预设，课上及时做出反应，给予方向的引导.

二、在学生解答偏向时，要及时帮助其矫正方向

（案例略）

学生在解题过程中，难免会偏向，关键是要让学生弄清问题症结所在，要像上例这样，帮助学生及时矫正方向；不仅如此，还需要弄清学生偏向的

原因. 它启示我们: 在解决问题时首先需明确目标, 其次是要明确各种方法的功效, 注意知识之间的前后联系, 再次是拟定解题计划, 重视策略的选择.

三、在学生解答烦琐时, 要让其先体验再提醒

例3 化简方程 $\sqrt{x^2 + (y+3)^2} - \sqrt{x^2 + (y-3)^2} = 4$, 并说明它表示什么曲线.

(见论文 1 的课例 3)

评注: 教师故意让学生进行 $1-2$ 分钟的思考和运算, 其目的是让他们通过自身的尝试, 让其先碰壁, 对烦琐的过程有切身的体会, 逼他们动脑子以寻求更好的解决之道, 再提醒、引导! 教师不是直接给出巧妙的定义法, 而是用一串启发式的提问, 从观察形式入手, 经过不同数学语言的转换、联想, 学生自己得到技巧. 这样学生印象更深, 效果更好. 这是一次观察、联想和转换的好机会, 从中不难发现, 老师的作用——必要的引导和适时的帮助. 教师的必要提醒, 包括转换角度思考 (正难则反、数形转化等), 注意隐含条件等等, 可能使学生"柳暗花明", 促成问题的解决.

四、在学生解答错误时, 要巧妙地予以科学指导

例4 在"数列"习题课上, 教师投影问题: 已知数列 $\{a_n\}$ 和 $\{b_n\}$ 都是等差数列, S_n 和 T_n 分别是它们的前 n 项之和, 且 $\dfrac{S_n}{T_n} = \dfrac{4n+3}{2n+5}$, 求 $\dfrac{a_8}{b_8}$.

师: 从不同的角度入手思考, 可以得到这个问题不同的解法, 请大家尝试一下.

教师巡视中发现生 1 和生 2 很快得出了结果, 他们所用的解法不同, 但都是错误的, 且具有一定的典型性和代表性. 这时, 教师请两位同学到黑板上将解题过程展示出来, 便于组织同学们展开讨论, 进行辨析.

生 1: 因为 $\dfrac{S_n}{T_n} = \dfrac{4n+3}{2n+5}$, 因此, 可设 $S_n = 4n+3$, $T_n = 2n+5$,

于是 $a_8 = S_8 - S_7 = \cdots 4$, $b_8 = T_8 - T_7 = \cdots = 2$, 故得 $\dfrac{a_8}{b_8} = 2$.

生 2：因为 $\dfrac{S_n}{T_n} = \dfrac{4n+3}{2n+5}$，因此，可设 $S_n = k(4n+3)$，$T_n = k(2n+5)$，

于是 $a_8 = S_8 - S_7 = \cdots = 4k$，$b_8 = T_8 - T_7 = \cdots = 2k$，故得 $\dfrac{a_8}{b_8} = 2$．

师：生 1 和生 2 运用了两种不同的解法，所得的结果都是 2，他们的解法对吗？

生 3：生 1 的结论对，但解法不对，因为由 $\dfrac{S_n}{T_n} = \dfrac{4n+3}{2n+5}$，不能得到 $S_n = 4n+3$，$T_n = 2n+5$，生 2 的解法是对的．

生 4：生 2 的解法也不对，设 $S_n = k(4n+3)$，$T_n = k(2n+5)$，表明了数列 $\{a_n\}$ 和 $\{b_n\}$ 的前 n 项和都是 n 的一次式．而等差数列如果不是常数列，它的前 n 项和 S_n 是一个形如 $an^2 + bn$ 的二次式，因此，应该设 $S_n = kn(4n+3)$，$T_n = kn(2n+5)$，从而得到：

$a_8 = S_8 - S_7 = k \cdot 8(4 \times 8 + 3) - k \cdot 7(4 \times 7 + 3) = 63k$，

$b_8 = T_8 - T_7 = k \cdot 8(2 \times 8 + 5) - k \cdot 7 \cdot (2 \times 7 + 5) = 35k$，故得 $\dfrac{a_8}{b_8} = \dfrac{9}{5}$．

师：生 4 指出了生 1 和生 2 解法的错误所在并给出了正确的解法与答案，非常好．由 $S_n = na_1 + \dfrac{n(n-1)}{2}d$ 知，只有当等差数列 $d = 0$ 即为常数列时，才能将其前 n 项和设为 $S_n = an + b$ 的形式，而本题没有这样的条件，生 1 和生 2 都犯了偷换题设的错误，或者是想当然而错，其原因在于对等差数列的前 n 项和公式的特征认识不到位．

师：生 4 抓住了等差数列前 n 项和公式的本质特征，给出的解法非常好．请大家进一步思考，这个问题能不能运用其他方法来求解呢？可以相互讨论．

经过一番探究和讨论，不少同学有了新的发现．

方法一：特殊化：令 $n = 1$，2，$3 \cdots$（略）．

方法二：由 $\dfrac{a_8}{b_8} = \dfrac{2a_8}{2b_8} = \dfrac{a_1 + a_{15}}{b_1 + b_{15}} = \dfrac{15 \cdot \dfrac{a_1 + a_{15}}{2}}{15 \cdot \dfrac{b_1 + b_{15}}{2}} = \dfrac{S_{15}}{T_{15}} = \dfrac{9}{5}$．

师：啊，真棒！利用等差数列的性质，将等差数列的通项 a_n 与前 n 项和

S_n 联系起来，在已知与未知之间架起了桥梁. 同学们能否推广到一般性呢？即用 S_n，T_n 表示 $\dfrac{a_k}{b_k}$：大家一起推导，$\dfrac{a_k}{b_k} = \cdots = \dfrac{S_{2k-1}}{T_{2k-1}}$.

同学们的脸上都洋溢着成功的笑意，大家感到这种方法操作方便，过程简捷.

评注： 面对日常教学中学生出现的错解，教师如何有效地帮助学生认识产生错误的原因，使学生从错误中走出来呢？不少教师采用的方法有两种：其一，告知学生错因，告诫不要再犯，称为"亡羊补牢"；其二，事先指出可能出错，叫做"防患于未然"，结果呢？是学生听起来懂，做起来错，效果不理想. 我们觉得纠错的过程也是一种学习，成功的乐趣只有在经历失败的痛楚后才能获得更深切的体验；先让学生暴露问题，再从学生的"错解"发现"闪光点"，变"告知"为探究，让学生在探究和合作交流中学习，应该是帮助学生纠正错误的最有效的方法.

综上，在课堂教学中，教师不仅要为学生提供有效的帮助，而且要把握好引导的最佳时机. 由于师、生是相伴而生的，教师在为学生提供一系列有效帮助的同时，也能从学生的进步和成长中感到欣慰和充实，并获得自我完善，从而使教学活动真正成为师生共同成长的美好旅程.

实施局部探究，提升复习课的有效性

——高三"一轮"复习《抛物线》的教学片段及感悟

高三数学复习课，如何把"探究"元素融入有效性的教学中，我们课题组作了一些有益的尝试：在有意义接受式学习的基础上，进行局部探究（1），即根据教材的特点，选择若干个局部探究的"点"，一堂课安排 5 – 20 分钟，在教师的组织、引导下，让学生经历自我探究与合作交流的过程，在知识、能力和发展三维目标中找到最佳结合点. 下面以江苏省太湖高中何英老师执教的高三"一轮"复习课《抛物线》为载体，谈谈高三数学复习教学中实施局部探究的做法，供大家参考.

一、片段摘录

【片段1】（基础训练1、2）

师：请看学案第1、2题，怎么解？答案是什么？

题1 抛物线 $y = 6x^2$ 的焦点坐标为_____，准线方程为_____.

题2 若直线 $y = k(x - 1)$ 过抛物线 $y^2 = ax$ 的焦点，则抛物线方程为_____.

学生回答后师生共同归纳出：

（1）抛物线标准方程四种形式、焦点坐标和准线方程.

（2）一个定量条件即可确定抛物线的标准方程.

【片段2】 （基础训练题3及变式）

题3　如图2-4-1所示，抛物线 $y^2 = -4x$ 上的点 A 到抛物线焦点的距离为5，则 A 到 y 轴的距离为_____；A 到 x 轴的距离为_____.

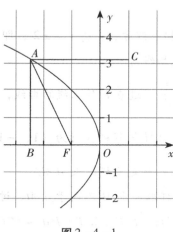

图2-4-1

先让学生画图、思考，再请学生回答．教师作适当提示并板书：重视抛物线定义的运用．

变式：如图2-4-2所示，已知抛物线 $y^2 = x$ 的焦点为 F，定点 P（4，-1），在抛物线上找一点 M 使 $PM + MF$ 最小，则点 M 的坐标为_____，最小距离为_____.

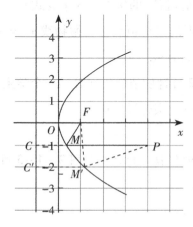

图2-4-2

探究 1　对两个点 P、M 的位置实施局部探究.

教师请学生思考后，再交流.

生 D：先作图. 可判断出点 P 在抛物线内部.

师：理由是什么？

生 D：将 $x = 4$ 代入抛物线方程，得 $y = \pm 2$，即（4，± 2）在抛物线上，因此点 P（4，-1）在抛物线内.

生 E：准线为 $x = -\dfrac{1}{4}$，过点 P 作准线的垂线，垂足为 C，PC 与抛物线的交点即为所求的点 M. 求得点 M 的坐标为（1，-1），最小距离为 $\dfrac{17}{4}$.

师：为什么（1，-1）就是要找的点 M 呢？

生 E：若在抛物线上任取一点 M' 不同于点 M，过 M' 作准线的垂线 $M'C'$，垂足为 C'，由 $M'F = M'C'$ 得，$PM' + M'F = PM' + M'C' > PC$（$PC$ 为点 P 到准线的距离）.

即当 P、M、C 三点共线时所求的距离最小.

师：很棒！这是利用定义，并结合平面几何的知识求解. 从这里我们能够体会到：定义在解决问题中可以发挥出十分重要的作用，今后解题时要注意联想定义，学会运用定义.

【片段 3】（"典例分析"的例 1 和 3 个变式）

例 1　一个正三角形的三个顶点都在抛物线 $x^2 = -4y$ 上，其中一个顶点在原点，求这个三角形的面积.

学生思考、尝试，2 分钟后请学生回答，一个学生上黑板画图.

探究 2　对"对称性"实施局部探究

第一步，提出问题

师：你画出这张图的依据是什么？如图 2-4-3 所示.

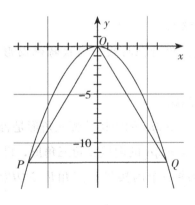

图 2 - 4 - 3

生 I：感觉应该是对称的，因为抛物线和正三角形都具有对称性.

师：很好！这样对称放置的正三角形是满足题意的，那么抛物线中是否存在不关于 y 轴对称的内接正三角形呢？

第二步，实施转化

将原问题转化为更易操作的问题. 要证内接正三角形 OPQ 关于 y 轴对称，只要证 P、Q 两点的纵坐标相等即可.

第三步，展示过程

学生探索 2 分钟后，展示其探究成果（由 $OP = OQ$ 及 $x^2 = -4y$，可得 $y_P = y_Q$）.

第四步，结论引申

师：这个结论能推广吗？

生（齐答）：能！抛物线 $x^2 = \pm 2py$，$y^2 = \pm 2px$ 的内接正三角形必关于坐标轴对称.

师：请继续解答例 1.

生 I：由正三角形及对称性，可设 $Q(m, -\sqrt{3}m)$，代入抛物线方程得 $m = 4\sqrt{3}$，所以 $S_{\triangle OPQ} = \frac{1}{2} \cdot 8\sqrt{3} \cdot 12 = 48\sqrt{3}$.

师：还有其他方法吗？

生 J：可以把顶点看作是直线与抛物线的交点，由对称性及正三角形的特点，知 $k_{OP} = \tan 60° = \sqrt{3}$，$\therefore l_{OP}: y = \sqrt{3}x$，联立抛物线方程得交点坐标

P（$-4\sqrt{3}$，-12）（下略）.

师：由上面的研究，你对抛物线的内接特殊图形还能联想到哪些问题？可得出哪些结论？

学生提出以下几个问题：

问题一：抛物线 $x^2 = \pm 2py$ 的内接等腰三角形是否一定关于 y 轴对称？

问题二：抛物线 $x^2 = \pm 2py$ 的内接直角三角形，已知一边边长，能否求其面积？反之，已知抛物线一个内接等腰三角形 $\triangle OPQ$ 面积，判断三角形的个数？

问题三：抛物线 $y^2 = 2px(p>0)$ 有一个内接直角三角形，直角顶点在原点，已知斜边长和一条直角边所在的直线方程，求抛物线方程.

……

教师对学生的探究精神表示了高度的肯定和赞赏，并对学生提出的问题稍作整理，作为当天的思考题，譬如问题二中给出 $\triangle OPQ$ 面积为12.

得到以下三个变式：

变式一：如抛物线 $x^2 = -4y$ 的一个内接等腰 $\triangle OPQ$ 面积为12，O 为坐标原点，则这样的三角形有几个？

变式二：已知抛物线 $x^2 = y$ 有一个内接 Rt$\triangle OAB$，直角顶点 O 为原点，OA 所在的直线方程是 $y = \frac{1}{2}x$，求三角形 OAB 的面积.

变式三：如图 2-4-4 所示，已知抛物线 $y^2 = 2px$ 有一个内接直角三角形，直角顶点在原点，斜边长是 $5\sqrt{3}$，一条直角边所在的直线方程是 $y = 2x$，求抛物线方程.

探究3 对变式一中抛物线内接等腰三角形的个数实施局部探究

具体操作：

第一步，让学生独立思考2分钟

第二步，小组合作，根据需要进行分组

第三步，学生交流与展示

师：请各组派代表谈谈你们的解题思路.

小组A：分成两类，（1）若 P、Q 关于 y 轴对称，转化为例1的问题；

（2）若 P、Q 不关于 y 轴对称，感觉有两个对称的，如何求解，还没有想好.

小组 B：对于（2），如图 $2-4-4$ 所示，若两点 P'、Q' 不关于 y 轴对称，设动点 Q（x'，y'），则 OQ' 方程、OQ' 的中点 M 的坐标都可以表示出来，OQ' 的垂直平分线 l 与抛物线交于点 P'，则 $\triangle OP'Q'$ 为等腰三角形，其面积可用 x'，y' 表示，因 x'，y' 满足 $x'^2 = -4y'$，试了一下，运算很繁. 由于对称性，要么有两组解，要么无解. 因此，结论可能是三组解，也可能是一组解.

小组 C：我们的结论与 B 组一样，但解决的思路有所不同. 如图 $2-4-4$ 所示，以点 P'' 为圆心，OP'' 为半径画弧交抛物线于点 Q''，则 $\triangle OP''Q''$ 为等腰三角形，根据对称性，应有三组解.

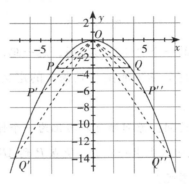

图 $2-4-4$

第四步，教师用《几何画板》演示，显示果然有三组解

对于变式二、三，请两位学生说说思路，具体解答留作课后作业.

第五步，师生小结，解决抛物线的内接几何图形相关问题

（1）充分利用图形的几何性质.

（2）借助图形的直观性和坐标思想解决.

【片段 4】（典例分析的例 2）

例 2 如图 $2-4-5$ 所示，$y^2 = 4x$ 上有两点 A、B 在 x 轴上下两侧，F 为焦点，$FA = 2$，$FB = 5$，在 AOB 这段曲线上求一点 P 使 $\triangle APB$ 面积最大，求这个最大值及此时点 P 的坐标.

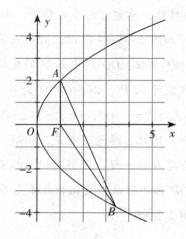

图 2 - 4 - 5

师：这是抛物线内的一个斜三角形问题，想一想，如何解决呢？

教师巡视，发现大部分学生能由基础题 3 的定义法很快得出点 A、B 的坐标.

学生回答后，教师追问：原问题可以转化为一个什么具体问题？

生 H：在 AOB 这段曲线上求一点 P，使点 P 到 AB 的距离最大.

师：这个距离如何求呢？

探究 4　对难点、易错点实施局部探究

思路 1　代数角度

生 H：设点 P 的坐标为 $\left(\dfrac{y^2}{4}, y\right)$，$P$ 到直线 AB 的距离配方得 $d = $
$\dfrac{1}{\sqrt{5}}\left|\dfrac{1}{2}(y+1)^2 - \dfrac{9}{2}\right|$.

师：下面请同学们先独立思考，然后回答.

生 K：$\left|\dfrac{1}{2}(y+1)^2 - \dfrac{9}{2}\right| \geqslant 0$，当 $y = -1$ 时，d 取得最大值 $\dfrac{9}{10}\sqrt{5}$.

生 L：$y = -1$ 能取到吗？

生 M：能取到，但应先求范围.

师：生 L 的质疑意识很好，生 M 回答的也很对，先求范围确保了运算的正确，都值得大家学习.

思路2　几何角度

第一步，猜想，验证

生 N：如图 2 - 4 - 6 所示，作 AB 的垂直平分线，与抛物线的交点 Q 到直线 AB 的距离最大.

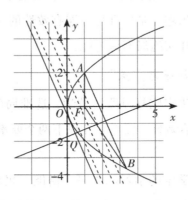

图 2 - 4 - 6

教师用《几何画板》作图发现，不是点 Q. 指出猜想不一定成立.

第二步，观察，议论

不少同学在继续思考，部分同学从演示中感觉到 Q 旁边的点到直线 AB 的距离最大.

师：你的根据是什么？

生 O：作 AB 的平行线与抛物线相切，切点就是要找的点.

同学们点头肯定，教师用《几何画板》演示、印证.

第三步，解答，对比

师：想想，如何求这个切点呢？一般地，直线与曲线相切是如何处理的？

生（齐声）：联立方程组，$\Delta = 0$. 设该切线方程为 $2x + y + m = 0$，与抛物线方程联立，得 $y^2 + 2y + m = 0$. 因相切，则 $\Delta = 4 - 4m = 0$，$m = 1$，得切线方程为 $2x + y + 1 = 0$. 由两平行线间的距离公式即可求得最大距离 $d_{\max} = \dfrac{9}{10}\sqrt{5}$.

师：请同学们对比两种思路，本题的处理策略，运用的思想方法，都值得我们好好品味！

二、教学感悟

通过上面的教学片段，让我们感受到：实施局部探究，控制了时间，不仅能促进学生理解知识，运用思想方法，而且通过学生亲历探究过程，激活了思维，体验到成功的乐趣，是提升复习课有效性的一个重要的途径．那么，在复习课的教学中，怎样实施局部探究呢？

（一）精心选取局部探究"点"

运用局部探究的方法实施复习课的教学，选准局部探究的"点"非常重要．为提高课堂探究的有效性，需要关注以下两个要素：

1. 学生实际

教师对于所教班级学生的学习的水平、潜能、兴趣等要深入了解，做到心中有数，因为在教学中，有了针对性才能实现有效性．

2. 教材特点

要求教师对所教内容、课型以及重、难点等作深入钻研，因为它是提升课堂教学有效性的基础．在综合分析的基础上，精心预设局部探究的"点"．

就本节课而言，教学对象是江苏省四星级重点中学的文科班学生，基础较好，学习数学的积极性高．作为高三数学的"一轮"复习，《抛物线》这一内容的考纲要求是：了解抛物线的定义、几何图形和标准方程，知道它的简单几何性质；教学重点是：抛物线的定义及其简单几何性质；教学难点是：灵活运用抛物线的定义及性质解决问题．因基础题1、2是对抛物线标准方程及焦点、准线等的复习，属于知识回顾；基础题3是运用抛物线定义的常见问题；例1的变式二、三是联立方程组的常规问题，难度较低，只作为学生的巩固练习；例2前半部分得到定点 A、B，AB 的长度和 AB 的方程，前面已有铺垫，这些内容不用探究，只要学生练一练、老师讲一讲即可．

本课主要针对下列四个"点"实施了局部探究：

（1）关于抛物线定义及其运用．因回归定义能体现基础性，用定义处理问题能简化运算，两者兼具即构成重要的考点，复习时有必要强化．

（2）对于例1中抛物线的内接正三角形为什么呈对称状？大部分学生不

是很清楚，为了今后能有效迁移，有必要设为小专题实施局部探究.

（3）例1的变式一"抛物线内接等腰三角形的个数"本身就是一个不确定性的探究型问题，具有一定的开放性，组织好探究才能取得较好的效果.

（4）例2是如何确定给定曲线上一点 P 到定直线 AB 的距离最大，可以从数、形两个角度进行，因角度不同，解答的难易程度也不同，需对比；二次函数绝对值的最值问题是学生的易错点，有必要让学生失误、辨析.

（二）选用合理的探究形式

根据以上探究的"点"，考虑采用何种形式，预留多长时间. 有的知识点或方法只要教师给点提醒，学生略作思考、动手画草图或代入数据检验即可（如点 P 的位置）；有的问题因个人的局限性，需要同伴的讨论、合作交流才能完成（如探究3）；有的问题涉及面广或对学生来说难度大，需要教师的必要提示，再通过师生或生生之间对话，互相启发、互为补充（如探究4）；有的问题因具体解答的数据很烦琐，若定量研究，则耗时太多，因此改为定性探究，并辅助于《几何画板》的验证（如探究3）.

有的问题需要经历"提出问题→猜想、验证→议论、解决→对比、反思"的完整探究链，类似于科学家探究未知领域的途径. 有的局部探究由课内延伸到课外（如探究3）. 有的探究性材料不仅仅由教师提供，也可让学生根据当前问题联想、提出新问题，体现了学生是探究性学习的主人（如探究2中得出的几个问题）. 当然教师还应鼓励学生通过思考、调查、查阅资料等方式概括出问题，或通过日常生活情景提出数学问题，进而提炼成探究性学习的材料.

（三）有效整合局部探究与有意义接受式学习

有意义接受式学习的特点是以教师讲题、学生练题为中心，侧重接受、联系、记忆，"双基"训练扎实，课堂容量大，时间可控，但对知识的发生过程揭示得少，缺乏发现式教学的探究、合作，不利于学生能力的培养和发展. 为了追求复习教学的有效性，需要处理好局部探究与接受式教学的关系，做好整合.

1. 吸取复习课的成功经验

对于高三"一轮"复习教学中的知识点，如本课抛物线的标准方程、焦点、准线等，运用"扫雷式"复习，以体现基础性；注意与其他相关知识点——函数最值、三角、几何等的结合，以体现联系性和综合性；对知识要点、思想方法和解题策略适时进行归纳和延拓，以体现系统性；让新颖与熟悉结合（如内接等腰三角形和直角三角形），交替呈现，以减少复习的疲惫感等．以上这些，都是复习课有效性的具体体现．

2. 精选教学内容，控制探究时间

由于探究式学习要比接受式学习多费时间，而时间是有效性的重要元素．因此，一方面例题、练习要精选，难度不宜过大，否则，预留探究的空间就小了，气氛也难以活跃，如本课的基础题及典型例题1、2，符合学生的实际，难度适中；另一方面局部探究的"点"要控制好时间．有的只需1分钟，有的需要5、6分钟．如本课例1中变式1的运算很繁，费时多，不适宜定量探究；研究完例1后让学生提出问题，教师做适当的整理和改编，或课内探究，或课后思考，凸显教师的专业引领；由于例2前半部分得出定点A、B等属于巩固旧知，则快速进行．可见，把握好探究的"度"对实施局部探究教学显得尤为重要．

当然还要根据课堂学生的完成情况做出必要的调整，以提高教学的针对性，促使三维教学目标的有效达成．

可见，在数学复习教学中，经常实施局部探究，不仅使学生对相关知识、方法和解题策略留下深刻的印象，还有益于培养学生分析、解决问题的能力和创造性思维，并让每位学生亲身经历这些探索过程，体验成功的乐趣，使课堂教学焕发出勃勃生机．在实施局部探究时，教师既要精心、合理地预设，又要充分运用自己的教育智慧，发挥学生的主体性，与学生共同"生成"灵动的课堂．这既对教师的素质包括应变能力提出了更高的要求，也促使教师在探究中实现"自我发展"，这是实施新课程教学值得追求的一个较高境界．

让数学局部探究走进"二轮"复习课堂

在高三数学教学中,我们感到:一方面,学生强化了解题训练,做了大量的练习和测试卷;另一方面,考试反馈:不少同学对已经做过、评讲过的试题,仍然会出错. 不少教师有这样的感觉,学生只会埋头做题,缺乏思考,更谈不上对知识、方法的迁移运用. 究其原因,主要是为了赶进度,课堂容量大、节奏快,教师讲得多,学生机械操练多,但有的学生仅停留在知识的表层,对数学知识和数学思想方法的形成过程一知半解,远未达到内化为学生自己的数学素养的境界,当然谈不上自觉的行动,一旦遇到情境新颖的问题,往往感到难以下手. 如何改变这一现状呢?

备战高考的数学复习是一个系统工程,现在一般认为可分成一轮复习(基础)、二轮复习(专题)及综合模拟三个阶段. 如果说一轮复习是侧重回归基础、构建网络、查漏补缺,那么二轮复习则是以专题的形式,强化重点、考点,注重知识的纵横联系,讲究解题方法与策略,提升分析、解决问题的能力.

新课程中探究性学习的理念和尝试,已给我们的数学新授课、习题课带来一些积极性的变化,能否将它延伸到复习课?如何在高三"二轮"复习课上做一些有益的尝试呢?在无锡市高三数学复习研讨会上,无锡市一中优秀青年教师顾志伟给辅仁高中的理科班上了一堂"三角与向量"专题的"二轮"复习课,为大家提供了一种很好的思路与模式. 下面以这个课例为载体,谈谈如何让数学局部探究走进"二轮"复习课堂,从而有效地提升高三数学复习教学的效果.

一、课堂片段

上课前，教师画出了如图 $2-4-7$ 所示的半圆形．上课伊始，教师边说边画内接梯形，标上字母，逐步呈现出如下的问题：

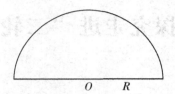

图 $2-4-7$

问题一：如图 $2-4-8$ 所示，一个半径为 R 的半圆，内接一个等腰梯形 $ABEF$，选取一个自变量 x．

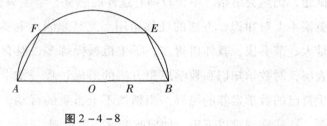

图 $2-4-8$

（1）试用 x 及 R 表示等腰梯形 $ABEF$ 的周长，并求其最大值．

（2）求此等腰梯形 $ABEF$ 的面积 S，并求其最大值．

师：本题是无锡市一中的一道测试题，阅卷反馈，得分率不高，今天来请我们辅仁高中的同学们来试一试．

[无锡一中和辅仁高中都是省重点，借此激发学生的探究热情]

操作：第一步，个人先思考 1 分钟，再小组讨论 3 分钟（前后座位四人一组）；第二步，请各组的代表进行班级交流．

方法一：甲组代表，如图 $2-4-9$ 所示，连接 OE，OF，设 $\angle BOE = \theta$，则 $\angle AOF = \theta$．

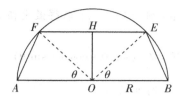

图 2 - 4 - 9

因周长 $C(\theta) = AB + EF + 2BE$，$AB = 2R$，求 BE，用余弦定理得：

$BE^2 = 2R^2 - 2R^2 \cos \theta = 2R^2 (1 - \cos \theta)$，

$\therefore BE = \sqrt{2}R \sqrt{1 - \cos \theta} = \sqrt{2}R \sqrt{2\sin^2 \frac{\theta}{2}} = 2R\sin \frac{\theta}{2}$.

作 EF 的高 OH（教师在备用图 2 - 4 - 10 画），则 $EF = 2HE = 2OE\cos \theta = 2R\cos \theta$.

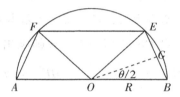

图 2 - 4 - 10

$\therefore C(\theta) = 2R + 2R\cos \theta + 4R\sin \frac{\theta}{2}$.

教师提醒：①不要遗漏角 θ 的范围，生：$0 < \theta < \frac{\pi}{2}$.

②注意到等腰三角形 OBE，对 BE 还有更简单的求法吗？

生：作 BE 的高 OG，$BE = 2BG = 2R\sin \frac{\theta}{2}$.

[先通法，后改进、优化，初步体验方法的差异]

师：请同学们一起回答.

生：$C(\theta) = 2R (1 + \cos \theta + 2\sin \frac{\theta}{2}) = 2R (1 + 1 - 2\sin^2 \frac{\theta}{2} + 2\sin \frac{\theta}{2}) =$

$-4R\left(\sin \frac{\theta}{2} - \frac{1}{2}\right)^2 + 5R$.

显然当 $\sin\dfrac{\theta}{2}=\dfrac{1}{2}$ 即 $\theta=60°$ 时，$C(\theta)$ 取得最大值 $5R$. 对于（2）

$S(\theta)=\dfrac{AB+EF}{2}\cdot OH=R^2$（$\sin\theta+\cos\theta\cdot\sin\theta$），这个形式我们不会解.

师：遇到求最值时，我们可以用……

生：求导.

生：$S'(\theta)=R^2$（$\cos\theta-\sin^2\theta+\cos^2\theta$）$=$（$2\cos^2\theta+\cos\theta-1$）$R^2$，

令 $S'(\theta)=0$，得 $\cos\theta=\dfrac{1}{2}$（$\cos\theta=-1$ 舍去），$\theta=60°$，

因实际问题，面积 $S(\theta)$ 能取得最大值 $\dfrac{3\sqrt{3}}{4}R^2$.

[学生遇到困难，教师给以必要的提示]

师：两小题求最值用了不同的方法，一是通过函数的消元、配方，二是通过导函数，都是常用的基本方法，还可用一种基本方法是？（极值定理）.

方法二：乙组代表，设 OB 的高为 h（教师画出相关三角形的图形如图 $2-4-11$ 所示），则高 $OM=\sqrt{R^2-h^2}$，$BE^2=h^2+MB^2=h^2+(R-\sqrt{R^2-h^2})$，

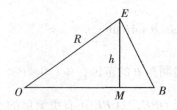

图 $2-4-11$

∴ $C(h)=2R+2\sqrt{R^2-h^2}+2\sqrt{h^2+(R-\sqrt{R^2-h^2})^2}$

$\qquad=2R+2\sqrt{R^2-h^2}+2\sqrt{2R^2-2R\sqrt{R^2-h^2}}$.

教师看学生觉得不耐烦了，遂问：有没有信心解下去？大部分学生在摇头.

一位学生提出：换元 $\sqrt{R^2-h^2}=x$，上式改写成 $C(x)=2R+2x+2\sqrt{2x(R-x)}$（＊）.

师生都感觉到简单多了!

方法三: 丙组代表, 设 $EF = 2x$;

师 (打断): 为什么不设 $EF = x$?

生: 那样表达式中含有分式, 不简洁.

师: 很好! 这是依据对称性做出的假设, 还记得什么地方曾这样假设的?

生: 椭圆方程、抛物线方程等.

["对称" 思想在不同分支的运用, 为多题一 "解"]

师: OK! 请同学们观察图 2 - 4 - 11, 设 $\sqrt{R^2 - h^2} = x$ 与设 $EF = 2x$ 有什么联系吗?

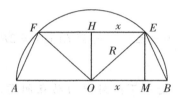

图 2 - 4 - 12

生: 实质上是 $OM = x$.

师: 对! 这两种假设虽形式不同, 但实质是一样的, 比设 "高" 要简单得多.

[学生和听课者都在频频点头, 表示理解与赞同]

以下学生用导数求解, $C'(x) = 2 + 2 \dfrac{-2R}{2 \sqrt{2x(R - x)}}$, 令 $C'(x) = 0$, 解得 $x = \dfrac{R}{2}$.

生 (齐答): $S(\theta) = \dfrac{AB + EF}{2} \cdot h = (R + x) \sqrt{R^2 - x^2}$ 同样可以求导解决.

(略)

师: 刚才几个小组通过讨论, 得出不同的设元方法, 通过表达周长和面积, 尝试后才看出其优劣, 差异明显. 还有其他方法吗? (见学生有困难, 则提示)

方法四：

师：提示，E、F 作为半圆上的动点，对圆的相关问题，数学上用哪一个知识点便于操作？更有效？

少数学生轻声说：解析几何，圆的方程.

师：好！我们一同来尝试. 先建立坐标系.

不少学生齐答：以 O 为原点，AB 所在直线为 x 轴，建立直角坐标系，易知半圆的方程为 $x^2 + y^2 = R^2$.

教师补充：$y \geq 0$.

生：设点 $E(x_0, y_0)$，不妨设 $x_0 > 0$，则 $C(x_0) = 2R + 2x_0 + 2\sqrt{y_0^2 + (R - x_0)^2}$.

由点 $E(x_0, y_0)$ 在半圆上，消 y_0 得 $C(x_0) = 2R + 2x_0 + 2\sqrt{2R^2 - 2Rx_0}$，与上面的（*）一致！

师：能否再优化，改进一下？圆中的动点问题，我们理科班可以借助于……

学生（几个）：参数式，用角参数.

师：很好！可设 $E(R\cos\theta, R\sin\theta)$，很快能得到：$C(\theta) = 2R + 2R\cos\theta + 2 \cdot 2R\sin\dfrac{\theta}{2}$.

$$S(\theta) = \frac{2R + 2x\cos\theta}{2} \cdot R\sin\theta = R^2(\sin\theta + \cos\theta \cdot \sin\theta).$$

[与前面的形式高度一致，学生在点头微笑]

小结：

师：在解决这个实际问题时，我们探究出四种设"元"法，设线段有两种，设高（h）和上底的一半（x），实质是一样的，但解答有差异. 还有一个是解析几何的设"点"，一个是三角函数的设"角"，虽角度不同，但结果完全一致！因其本质是一样的！比较而言，设"角"最简单.

师：可见，不同的设"元"，很有讲究. 通过本题的解决，大家对设"元"该有清晰而深刻地认识了吧！哪位同学说说，设"元"，应满足什么条件？

两位学生回答后，归纳出：

（1）寻找的自变量最好能与所表示的几个量有直接的联系或容易表示出其他的量.

（2）对于圆上或椭圆上的动点问题，设"角"更简洁易行.

问题二：如图 $2-4-13$ 所示，当直线 EF 与 AB 不平行时，设交于点 P，若 $BP = R$，求 $\overrightarrow{PE} \cdot \overrightarrow{PF}$.

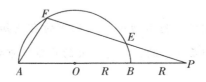

图 $2-4-13$

生：$\overrightarrow{PE} \cdot \overrightarrow{PF} = |\overrightarrow{PE}| \cdot |\overrightarrow{PF}| \cos \theta$，$\overrightarrow{PE}$，$\overrightarrow{PF}$ 共线且同向，则 $\cos \theta = 1$，$\therefore$ 原式 $= |\overrightarrow{PE}| \cdot |\overrightarrow{PF}|$.

生：$|\overrightarrow{PE}| \cdot |\overrightarrow{PF}| = PB \cdot PA$，

师：你能告诉大家这个结论是怎么证明的吗？

生：用相似证明，连接 BE，先证明 $\triangle PBE \backsim \triangle PFA$，得 $\dfrac{PB}{PE} = \dfrac{PF}{PA}$，

$\therefore PE \cdot PF = PB \cdot PA$.

生（齐答）：$\therefore |\overrightarrow{PE}| \cdot |\overrightarrow{PF}| = PB \cdot PA = 3R^2$.

师：大家想想，解决这个问题还有其他思路吗？

方法二：（解析几何法）借鉴问题 1 的方法，建立同样的坐标系，得 $\overrightarrow{PE} \cdot \overrightarrow{PF} = (2R - x_1, -y_1) \cdot (2R - x_2, -y_2) = (2R - x_1)(2R - x_2) + y_1 y_2 = 4R^2 - 2R(x_1 + x_2) + x_1 x_2 + y_1 y_2$（ * ）.

将直线 $EF : y = k(x - 2R)$ 与半圆 $x^2 + y^2 = R^2 (y \geqslant 0)$ 联立，消 y 得：$(1 + k^2)x^2 - 4Rk^2 + (4k^2 - 1)R^2 = 0$，再用 $x_1 + x_2$，$x_1 x_2$ 的值代入（ * ），解得 $3R^2$.

师：课后请大家自己完成，作为理科生，这个运算量是应该要达到的.

方法三：如图 $2-4-14$ 所示（平面几何法）我们来挖掘圆的几何性质.作 EF 的高 OH，易知 $OH \perp EF$，而 $PE = PH - HE$，$PF = PH + HF$，

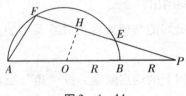

图 2 - 4 - 14

$$\therefore PE \cdot PF = PH^2 - HE^2 = PO^2 - OH^2 - HE^2 = (2R)^2 - OE^2 = 3R^2 (= PA \cdot PB)$$

师：可见，注意挖掘并利用初中平面几何的有关知识，对进一步学习很有利．知识点之间是相互联系的，打好今天的基础很重要．

二、教学反思

一堂课下来，听课者在赞赏的同时，也在仔细体味其中的奥秘，我觉得有以下特点：

（一）选材新颖

我们的学生为什么对于复习课没有新授课那样感兴趣，主要原因在于复习课大都是形式单一的大运动量解题训练课，是知识、方法的简单重复，缺乏吸引力．而本课顾老师根据测验反馈的学生的薄弱环节——设"元"，选编了一道融代数、三角、解析几何等相关知识为一体的新颖问题，在寻求不同解决方案和对问题进行的拓展、引申中，让学生获得这一类问题的整体、系统的认识，起到以一当十之效．

（二）呈现巧妙

在一堂大市级公开课上，不用电脑，不发教（学）案，黑板上仅出现一张半圆的图，教室中多了一张和蔼可亲的笑脸，这与众不同的本身就很特别，在吸引学生眼球的同时，也引起学生的思考．课堂问题的逐步解决，宛如奥运开幕式上那幅中国画卷徐徐展开，始终吸引着学生．

（三）探究有方

这堂"二轮"复习课，宛如一次局部探究活动．

（1）上课伊始，即创设了一个半圆内接梯形的问题，是在市一中学生有困难的情况下，让辅仁学生去尝试解决，既说明解答这类问题的必要性（薄弱），也借此激发辅仁学生的动力．

（2）选择什么作为自变量，是学生的一个难点，有必要安排几分钟的小组讨论，合作完成，不同小组探讨出不同的设"元"，有高 h、有上底 EF，有角 θ．这是一种合作探究．

（3）各小组成果的交流，实质上是让不同思路进行碰撞，其中有成有败，有繁有简．尝试不同的方法，一题多解，是一种发散性探究．通过四种设"元"的展示，先让学生亲身体验来自同伴的烦琐方法，体会越深，则改进的动力越强，通过对比探究（"形"异"质"同的对比，优、劣的对比）和对规律性的探究（不断优化），使学生感受差异，体会到科学合理设"元"的重要性．

（4）对于方法的形成过程，遵循"以学定教"的理念，学生想到什么方法，就按着其思路进行，如：问题二中层次高的学生想到利用平面几何的性质解决，则问其为什么，来点推理；但不能停留于此，再寻求解析几何等通法．像这样能揭露方法的形成过程，让学生知其所以然，同时也渗透了数学建模的思想，可称得上是一箭双雕．

整堂课同学们围绕问题进行思考、探究和解决，当然离不开老师的组织、引导，"不要遗漏角的范围"，"还有更简单的求法吗？""对圆的相关问题，数学上用哪一个知识点便于操作？"等，在学生的"忽略点"给予必要的提醒，促使学生用联系、发展的观点审视问题．

（四）彰显效果

以上是"二轮"复习训练的侧重点，本专题是运用三角、向量的数学工具去解决问题，同时沟通解析几何、函数等知识．训练的主要方法是如何设"元"，主要数学思想是方程、转化．课堂反馈：这些必要的探究训练，对学生获取知识、能力，都非常有益．

注意力被吸引．心理学告诉我们，"无意注意"的效果要明显优于"有意注意"，新颖、动态的问题，都容易让学生产生"无意注意"；再通过对比、体验，在学生的记忆深处打下深深的烙印．近百名听课者在其中感受到辅中学生的学习态度——积极思考、主动探索，与那种"炒冷饭"的、大运动量的训练所形成的精神不振的课堂形成鲜明的对比，其效果的差异可想而知.

方法得到有效的训练. "二轮"复习不能侧重于知识的梳理，而应把重点定位在方法的训练，重在运用知识、方法去解决问题. 本课通过对一个典型问题的解决，从三角、代数、解析几何等不同角度设"元"，既巩固了求最值的常用方法：消元、配方、求导，从中体会了圆上动点和含对称性问题的设"元"策略，还使解决问题的方法得到有效迁移.

思维得到提升. 本课试题数量不多，但思维容量很大. 预设的问题有知识、方法的纵横联系，具有交汇性；面对新颖的问题情境，学生在不断搜索、处理、转换，再合作、展示；教师不断追问其方法，使学生综合运用所学知识、方法及策略去解决一个个问题；教师把发现问题与获得成功的机会留给了学生，每一种新方法都是学生发现的，有的轻声说出，教师再提醒聚焦思考，课堂被激"活"了. 在这一过程中，学生思维的广阔性、深刻性及灵活性得到提升.

结合课堂实施的情况，笔者认为，问题设计如果能做局部改进，效果会更好. 因问题二是问题一的拓展，它过于强调了平面几何的作用，对向量的复习不够到位. 可以改成一道侧重考察向量数量积的问题，并在形式上适当做一些变式.

以上教学实践表明，数学局部探究不仅可在"二轮复习"中进行，还可以延伸到所有的数学复习课，当然需根据不同阶段的复习侧重，注意探究点的选取、课堂的组织和时间的调配等问题.

同一课题，别样演绎，彰显局部探究特征

数学是思维的学科，而面对高考的压力，高三复习课能否进行实质性的探究性训练呢？回答是肯定的．3月底，我们工作室的两位骨干成员周老师和朱老师，对于同一个课题：高三"二轮"复习专题"函数与方程思想"，进行同课异构．他们潜心钻研教法、深入了解学生，选材、设计各具特色，课堂上学生思维活跃，引起了听者较大的兴趣．因此，记载两堂课的教学片段，分析、研讨，以发掘其中的价值．

一、"函数与方程思想"的同课异构

（一）周老师的课堂教学简录

师：上周末，我们解答了南京高三"一模"试卷，批阅后统计发现，填空题的11，13，14错的比较多，而这些问题都是与函数方程有关，因此，就把这些题整合为"函数与方程"思想的一个专题．

1. 记等比数列$\{a_n\}$的前n项积为T_n（$n \in \mathbf{N}^*$），已知$a_{m-1}a_{m+1} - 2a_m = 0$，且$T_{2m-1} = 128$，则$m = $ _____．

师：形式$a_{m-1}a_{m+1}$给我们什么信息？

生1：可利用等比性质：$a_m^2 = 2a_m$，$a_m = 2$．（$a_m = 0$舍去）

师：从$T_{2m-1} = 128$可得到什么？

生1：$a_1 \cdot a_2 \cdots a_{2m-1} = 128$．

师：你是如何解的？

生1：$a_m \cdot a_m \cdot \cdots \cdot a_m = 2^7$，应该是 $T_7 = 2^7$，所以 $2m - 1 = 7$，$m = 4$．

师：为什么是 T_7？想一想，等差数列中，有一种什么方法可以不必讨论项数的？

生1：（思考片刻）对！是倒序相加法，$a_{2m-1} \cdots\cdots a_2 \cdot a_1 = 128$，两式相乘：有 $(a_m^2)^{2m-1} = 2^7 \cdot 2^7$，得 $m = 4$．

师：本题由一个方程，再列出一个方程，通过解方程组，使问题顺利获解．（方程思想）

师：在数列中，这样的情形少吗？试列举几个．

生2：已知 S_n，求 a_n，通过列出 S_{n-1}，两式相减；

生3：已知 S_n 与 a_n 的一个关系，求 a_n 或 S_n 的问题．

教师给予充分的肯定．

2. 设椭圆 $C : \dfrac{x^2}{a^2} + \dfrac{y^2}{b^2} = 1 (a > b > 0)$ 恒过定点 A（1，2），则椭圆的中心到准线距离的最小值为_____．

生4：列出目标函数 $d = \dfrac{a^2}{c}$，则 $d^2 = \dfrac{a^4}{c^2}$，将点代入得 $\dfrac{1}{a^2} + \dfrac{4}{b^2} = 1$．

师：要消元，消哪一个比较好？

生4：消 b^2．

师：为什么？

生4：目标和条件中都有 a^2，如果把 b^2 消去，则都可以用 a^2 来表示．

师：说得好，消除差异，一般总希望未知数越少越好．

大家一同消元得：$d^2 = \dfrac{a^2(a^2 - 1)}{a^2 - 5}$．

师：如何换元？

生4：设 $a^2 = t$．

教师边板书 $d^2 = \dfrac{t(t - 1)}{t - 5}$ 边说，还需要换元一次，能否一次到位呢？

生4：可设 $a^2 - 5 = t$，则 $d^2 = t + \dfrac{20}{t} + 9 \geqslant 2\sqrt{5} + 9$．

师：大家回想一下，运用最值定理的条件是……

学生齐答：一正、二定、三相等.

师：上式能否保证 $t = a^2 - 5 > 0$ 呢？（教师随手画了一个椭圆：图略）要注意挖掘隐含信息.

生4：利用椭圆定义，有 $AF_1 + AF_2 \geq AB = 2\sqrt{5}$，即 $2a \geq 2\sqrt{5}$，$a \geq \sqrt{5}$.

小结：本题先列出目标函数，为分式型，消元、化简后是一个"倒数型"函数，利用不等式的最值定理解决，注意切不能忽视范围！

3. 设 $a = \sqrt{x^2 - xy + y^2}$，$b = p\sqrt{xy}$，$c = x + y$，若对任意的正实数 x，y，都存在以 a，b，c 为三边长的三角形，则实数 p 的取值范围是 _____.

与前两题类似，通过问、答、追问的形式进行探究.

（1）三边 a，b，c 能构成三角形的条件是什么？对比选择，只要证明 $\begin{cases} a + c > b, \\ c - a < b. \end{cases}$

转化为 $p < \left(\sqrt{\dfrac{x}{y} + \dfrac{y}{x} - 1} + \sqrt{\dfrac{x}{y}} + \sqrt{\dfrac{y}{x}} \right)_{min}$

且 $p > \left(\sqrt{\dfrac{x}{y}} + \sqrt{\dfrac{y}{x}} - \sqrt{\dfrac{x}{y} + \dfrac{y}{x} - 1} \right)_{max}$

（2）如何求最值？（换元法）$\dfrac{x}{y} + \dfrac{y}{x} = t (t \geq 2)$，构建函数：$f(t) = \sqrt{t - 1} + \sqrt{t + 2}$，$g(t) = \sqrt{t + 2} - \sqrt{t - 1}$，求导：$f'(t) = \dfrac{1}{2\sqrt{t - 1}} + \dfrac{1}{2\sqrt{t + 2}} > 0$，解得 $p \in (1, 3)$.

师生小结：之后教师投影下列变式问题，作为练习.

变式一：（匈牙利竞赛题）a，$b \in \mathbf{R}^+$，试求对任意 $x > 1$，$ax + \dfrac{x}{x - 1} > b$ 成立的充要条件.

变式二：已知函数 $f(x) = x\ln x$，$g(x) = -x^2 + ax - 3$，若对一切 $x \in (0, +\infty)$，$2f(x) \geq f(x)$ 恒成立，求实数 a 的取值范围.

学生小结：对于"不等式恒成立，求参数范围"一类问题，往往是通过构造函数、利用函数的单调性、最值或导数求解，简洁而流畅.

变式三：（2008 上海卷）方程 $x^2 - \sqrt{2}x - 1 = 0$ 的解可视为函数 $y = x + \sqrt{2}$ 的图象与函数 $y = \dfrac{1}{x}$ 的图象交点的横坐标，若方程 $x^4 + ax - 4 = 0$ 的各个实根 x_1，x_2，x_k（$k \leqslant 4$）所对应点 $\left(x_i, \dfrac{4}{x_i}\right)$（$i = 1$，$2$，$\cdots$，$k$）均在直线 $y = x$ 的同侧，则实数 a 的取值范围是_____.

简要反馈：（1）弄清方程的根与函数图象交点横坐标的关系；

（2）由题意，类比得方程 $x^4 + ax - 4 = 0 \Leftrightarrow x^3 + a = \dfrac{4}{x} \Leftrightarrow$ 两函数 $y = x^3 + a$，$y = \dfrac{4}{x}$ 图象交点的横坐标. 借助于图形，判断求解.（过程略）

解题关键：将一个陌生方程解的问题转化为熟悉的函数图象的交点问题，利用函数图象平移等性质，判断获解.

总结：上述例题及变式，都是通过构建方程（组）或构建函数解决，常有二次函数、含有指数、对数的超越函数等. 其实构建也不难，许多形式都是通过减、除等简单运算得来.

（二）朱老师的课堂教学简录

例 1 谈谈你对下列各条件的处理方法，能得到什么结论？

实数 a，b，c（$a \neq 0$）满足 $5a - \sqrt{5}b + c = 0$.

变式一： 如果实数 m、n、λ 满足 $m \neq n$，且 $\begin{cases} m^2 - \lambda m + 1 = 0, \\ n^2 - \lambda n + 1 = 0. \end{cases}$

变式二： 如果实数 α，β，m 满足 $\alpha \neq \beta$，且 $\begin{cases} (\alpha - 1)\,m = \dfrac{\alpha - 3}{\alpha + 3}, \\ (\beta - 1)\,m = \dfrac{\beta - 3}{\beta + 3}. \end{cases}$

对于例 1，生 1：由条件得：$\sqrt{5}b = 5a + c$，平方得：$5b^2 = 25a^2 + c^2 + 10ac$.

师：观察等式的形式特点，能否进行深度处理呢？（大家在思考）

生 2：用基本不等式：

$\because 25a^2 + c^2 \geqslant 10ac$，$\therefore 5b^2 \geqslant 10ac + 10ac$，得 $b^2 \geqslant 4ac$.（同学们发出惊叹！）

师：对此熟悉的结论，你们还能联想到什么？

大家说：判别式 Δ.

生3：方程 $ax^2 - bx + c = 0$ 有一个根为 $x = \sqrt{5}$，$\therefore \Delta \geqslant 0$，得 $b^2 \geqslant 4ac$.（不少同学在点头）

点评：对数学中的一些条件，注意从形式结构上观察，进行合理联想，能构建一个"方程"，则往往事半功倍.

生4：a，b，c 不能作为等比数列的三项，否则，$b^2 = ac$ 与 $b^2 \geqslant 4ac$ 不符.

师：我怎么就没有想到呢！你们真了不起！

对变式一，生6：因方程 $x^2 - \lambda x + 1 = 0$ 有两个不同的实根 m，n，由 $\Delta > 0$，得 $\lambda \in (-\infty, -2) \cup (2, +\infty)$.

（变式二过程略）

例2 如果实数 x，y 满足 $x + \sqrt{x^2 + 1} = 2y + \sqrt{4y^2 + 1}$，试寻求 x，y 的关系.

学生练习，其中让两位上黑板板演. 都是先移项：$x - 2y = \sqrt{4y^2 + 1} - \sqrt{x^2 + 1}$.

生9：右边分母有理化，化简得 $(x - 2y) \cdot \dfrac{\sqrt{x^2 + 1} + \sqrt{4y^2 + 1} + x + 2y}{\sqrt{x^2 + 1} + \sqrt{4y^2 + 1}} = 0 (*)$，$\therefore x = 2y$.

生10：两边平方、整理、再平方（过程略）.

教师点评：为什么由复杂的 $(*)$ 能推出 $x = 2y$？

生11：因为 $\sqrt{x^2 + 1} > x$，$\sqrt{4y^2 + 1} > 2y$，所以 $\sqrt{x^2 + 1} + \sqrt{4y^2 + 1} > x + 2y > 0$，故 $x = 2y$.

师：你们还有更简便的方法吗？

生12：从原式可以猜想出 $x = 2y$.

师：不错！你能证明这个猜想吗？（学生思考）

师生共探讨：构建函数 $f(x) = x + \sqrt{x^2 + 1}$，那么 $f(x) = f(2y)$.

师：能得到 $x = 2y$ 吗？不少人：不能，还缺少条件.

教师随手画了一张二次函数的简图，许多学生联想函数单调性.

师：怎么证明函数 $f(x)$ 具有单调性呢？学生齐答：导数（解略）.

小结：三种方法对比，得出：如果能构建函数 $f(x) = x + \sqrt{x^2 + 1}$，利用函数的单调性，则往往使得解答快速而轻松.

变式一：如果实数 x、y 满足 $x + \sqrt{x^2 + 1} = -y + \sqrt{y^2 + 1}$，试寻求 x，y 的关系.

变式二：如果实数 x、y 满足 $x + \sqrt{x^2 + 1} \cdot (y + \sqrt{y^2 + 1}) = 1$，试寻求 x，y 的关系.

课堂反馈：变式一利用构建函数，很快解决.

对于变式二：

生13：构建函数 $f(x) = x + \sqrt{x^2 + 1}$，那么 $f(x)f(y) = 1$，好像无路可走了？

生14：两边同除，得 $x + \sqrt{x^2 + 1} = \dfrac{1}{y + \sqrt{y^2 + 1}} = -y + \sqrt{y^2 + 1}$，转化为变式1.

二、同课异构的教学透视：实施局部探究，彰显思维训练特征

"函数与方程思想"是中学数学的核心思想，是近年来高考的热点，也是对学生进行思维训练的一个重要载体．上述班级的学生基础扎实，思维活跃，通过中学阶段近六年的学习，已储备了不少具体的初等方程、函数的解法，但对于运用方程和函数思想解题的意识尚不强．因此，将"函数方程思想"设置为高三复习的一个专题，其重点是寻求解题突破口，注重培养学生的思维能力．上述课堂彰显了注重思维训练的特征：设置开放性问题，追问、变式，引导观察、联想，鼓励构造、创新，既教归纳也教演绎.

（一）通过选择开放性的数学问题实施局部探究

数学开放性问题，一个比较趋同的看法是指那些答案不唯一，并在设问方式和求解方法上要求学生进行多方面、多角度、多层次探索的数学问题．目前我们国内接触的题目大多比较封闭，师生都习惯于由已知条件到单一结论（确定性）的设计方式．为了适应现代创新复合型人才的需要，需要特别

注意发散性思维能力的培养，近年有不少高考题设计为开放性问题. 而数学开放题能适应各种水平的学生进行探究的需要，它往往具有起点低、样式和答案多样化的特点，因为开放题对数学专门知识和数学能力水平的要求不太高，对方法的要求也比较宽泛. 由此，其一，数学开放题给学困生提供了由低起点切入的机会，允许学困生在自己的基础上去探究，在自己的基础上做出一种或多种答案；其二，问题的低起点不同于问题的低水平，很多数学开放题起点低却有深度，由浅入深地形成一个"问题串"，而这一系列问题，恰好能为学有余力的学生提供进一步探究的空间和在问题解决过程中展示自己才华的机会；其三，开放题能充分发挥学生的主体性，促使学生主动探索、求知. 所以，数学开放性问题无疑是发挥学生主体性、凸现学生主体意识的良好素材，给学生实施局部探究营造了一个宽松、自由的学习环境. 学生可以根据自己的经验，选择自己喜爱的思维方式，自己想办法通过探究、解决问题，而不是过分依赖老师. 课堂上，朱老师把例 1 及变式题都设计成开放性问题，让学生从条件出发，获取信息，联想、加工信息，朱老师在例 1 中提醒学生"观察等式的形式特点，能否对此条件进行深度处理呢？""由形式 $b^2 \geqslant 4ac$ ，联想到什么？"学生联想到判别式、等比数列和构建方程等；对于例 1、例 2 几道"形似"的变式题，让学生对形式进行观察、对比，寻求异同点，课堂上学生思维活跃，得出结论的开放性，得出方法的开放性：如有理化法，基本不等式法、构建"二次方程"，无疑，通过开放性问题的设计和探究，不仅沟通了相关知识、方法，对所学知识印象深，记忆保持的时间长，而且有益于培养学生对信息的加工、处理能力，有益于培养学生的发散性思维. 其实，第一道问题就设置成开放性是冒险的，学生可能答不出则气氛沉闷，课堂反馈，我们的担心是多余的，该班学生已经习惯并接受了. 可见，设置开放性问题是局部探究的极好素材. 当然，要注意把握好开放性问题的难度和长度，做到适合学生.

（二）通过教师不断追问和适度变式，实施局部探究

"追问"是指在学生解答了教师预设的问题后，教师再根据学生的回答有针对性地"二度提问"……，再次激活学生思维，促进深入探究，从而解决

问题. 追问是提问环节的继续，但不是重复，是深化，是提高，是促进教学目标的实现. 而面对鲜活的学生和灵动的课堂，再好的教学设计都需要随机应变. 追问作为"关注过程"的一种具体的手段，有着其他提问技巧不可企及的优越性；追问不但能使学生保持注意的稳定性，激发其积极思考，而且能使学生由紧张到轻松，又由轻松到紧张的一张一弛的学习. 周老师侧重于对个别学生的提问、不断追问，如"形式 $a_{m-1}\,a_{m+1}$ 给我们什么信息？""从 $T_{2m-1}=128$ 可得到什么？"旨在从条件中获取解题信息；"你能给一个充分的理由吗？"逼学生思考，联想出"倒序相加法"；小结后又问："在数列中，这样的情形少吗？试列举几个."通过连续追问，或是充分挖掘学生的思维过程，或是对思维过程进行质疑纠偏，或探究为什么？这不但可使学生进一步明晰、深化自己的思维过程，也给其他学生以示范、启迪、激励，看似仅对某一学生，其实面向全体，看似用一题，其实通一片，有助于学生理解问题的本质，便于迁移、运用，从而培养学生思维的深刻性和严谨性. 两位老师在每一道问题后，都设置了变式训练，让学生体会虽"形"在变，但"质"不变，以强化方法，这在提升学生综合解题能力的同时，培养其思维的灵活性.

因此，"不断追问"是实施局部探究、落实思维训练的有效途径.

利用教材的探究资源，提高学生的思维能力

新课标指出：高中数学新课程应注重提高学生的数学思维能力，这是数学教育的基本目标之一；人们在学习数学和运用数学解决问题时，不断经历观察发现、抽象概括、归纳类比、演绎证明、反思建构等思维过程，这些过程是数学思维能力的具体体现；近年高考改革的重点体现在能力立意上，增加了探究型、开放式和应用性等能力型试题．它要求教师必须从注重传授知识向发展能力转型，其中良好的素材至关重要．事实上，在我们的教材中蕴含了不少训练思维能力的素材，通过挖掘、整合教材资源，开展探究性学习，无疑是一条提高学生数学思维能力的有效途径．

一、利用"教材正文"开展探究学习，培养学生的构造意识与理性思维

代数推理题一直是高考的热点题型，得分率很低．一方面初中课标和教材淡化了几何证明的要求，降低了因式分解等代数运算的要求；另一方面，少数学校对于高一、高二的"推理证明"重视不够，到了高三再来强化多字母的推理综合训练，学生自然难以接受．因此，在高中数学教学中，有必要加强推理证明能力的训练——从高一开始，挖掘"教材正文"的资源，整合其中推理证明的"点"，然后低起点、小步子、逐步渗透、分层训练．

案例1 苏科版必修2"球体积公式"的推导

关于空间几何体的体积中"球的体积"的教学，教材是在学习柱体、锥

体体积公式的基础上学习的，它是利用一个"倒沙"实验，检验一个有趣的结论：一个底面半径和高都等于的 R 的圆柱，挖去一个以上底面为底面，下底面圆心为顶点的圆锥后，所得几何体的体积与一个半径为 R 的半球的体积相等，由此得到

$$\frac{1}{2}V_{球} = \pi R^2 \cdot R - \frac{1}{3}\pi R^2 \cdot R = \frac{2}{3}\pi R^3，所以 V_{球} = \frac{4}{3}\pi R^3.$$

能力视角分析：对这段教材，不少教师重视不够，有的仅是口头上"倒沙"，而实际上并没有实验，只是简单验证了 $V_{球} = \frac{4}{3}\pi R^3$，并让学生记忆公式；有的是做了"倒水"实验（类似"倒沙"），再验证结论. 其实，前一种设计岂不等同于告知结论，这种不问过程、只要结果的结论教学，何谈培养能力？后一种教学设计，学生通过实验，相信结论的正确性，印象较为深刻. 而对于四星级高中的学生，"为什么有如此美妙、有趣的结论呢"？好奇心驱动，理应给予满足！因为好奇心是发现、发明的重要前提，不仅需保护，而且要鼓励. 况且，从下面内容不难发现，对这个公式的证明过程就是培养构造意识和理性思维的极好素材. 以下是本工作室阮老师的一个整合设计：

（1）教师先做一个"倒水"实验，让学生说出有什么结论（略）.

（2）将上述结论符号化（见上），得公式.

（3）验证结论的正确性.

第一步，教师通过一组问题引起学生思考，启发他们构造图形：

①"为什么有这么优美的结论呢？你能给予证明吗？"

②明确目标、转化结论：要证明 $V_{球} = \frac{4}{3}\pi R^3$，由上述实验结论，只要证明 $V_{半球} = V_{圆柱} - V_{圆锥}$ 即可.

③搜索已有的结论及方法，由祖暅原理，关键是要构造一个什么截面与半球的某一等高的截面相等，如何构造呢？

整合上述三点，让学生思考或合作交流.

估计有部分学生能构造出图形：从圆柱中挖去一个以圆柱的上底面为底面，下底面圆心为顶点的圆锥.（另一种以圆柱的下底面为底面的挖法不符合

祖暅原理）

第二步，再用平行于平面 α 的任意一个平面去截这两个几何体，截面分别是圆面和圆环面，验证 $S_{半球截面} = S_{圆环}$ 即可．

如附图 1 所示，因为 $S_{半球截面} = \pi \cdot r^2 = \pi(R^2 - l^2)$，$S_{圆环} = \pi \cdot R^2 - \pi \cdot l^2 = \pi(R^2 - l^2)$，所以 $S_{半球截面} = S_{圆环}$．

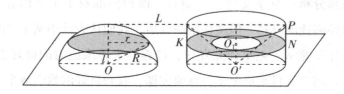

附图 1

由祖暅原理得，$V_{半球} = V_{圆柱} - V_{圆锥}$，得 $V_{球} = \dfrac{4}{3}\pi R^3$．

评注：本例通过明确研究目标，让学生亲身经历数学实验，经过观察、思考、类比、猜想、构造及证明，不仅验证了结论的正确性，还培养了学生的构造意识和创新思维，培养学生推理证明的能力以及理性思维．同时，也让学生品尝了探究成功的喜悦．虽然这种探究费时 10 多分钟，但物有所值！且课时也允许．

只要你有"心"，教材上不乏这样的案例，如指数、对数函数及幂函数的例题中都有比较大小问题，应按教材的要求，引导学生构造函数、利用其单调性解决．如果仅利用函数图象求解，就达不到该例题的功能——培养学生的构造意识及理性思维．

二、利用"阅读材料"开展探究学习，培养学生的创新意识与探究能力

教材中安排了一些"阅读"材料，有的是旨在让学生了解、欣赏，以提升学数学的兴趣，如必修 3 的"尚科斯算错了吗？"必修 5 "斐波那契数列"；有的是帮助学生拓展知识面的，如必修 2 "解析几何的产生"，这些都可以让学生带着事先准备的问题阅读，然后检查、反馈．有的"阅读"是侧重于训

练思维能力的，如必修1的探究案例"钢琴与指数曲线"，必修5的"问题与建模"等，对这些方向不明确、结论未知的问题，或通过从特殊到一般，或进行类比推广等，是构成探究性学习的良好素材．我们可以结合校情、学情，每学期劈出3-5堂课开展．

案例2　苏教版选修1-2"推理案例赏析"

能力视角分析： 对于文科学生而言，课程标准对于本节内容不作要求，是供学生课外阅读的材料．但经仔细阅读后，我们认为其中例1"正整数平方和公式的推导"是一个侧重探究发现、培养学生思维能力的极好素材．本工作室王老师在高二文科4班上了一堂研究课，收到良好的教学效果．（探究片段及评注，见前论文1的课例2）

三、利用"教材习题"开展探究学习，培养学生的联想能力与发散思维

信息时代，所需人才要具有一定的接收、分检、合成、加工、应用信息的能力；开放性试题是一种条件或结论不完备的问题，让学生从条件（或结论）出发，观察、获取信息，联想、加工信息，是培养他们观察、联想能力和发散性思维的良好素材，受到高考命题者的青睐．在高中苏教版教材的每一课后面都有"探究·拓展"问题，含有"数学探究"和"数学建模"活动，含有开放性问题，教师可择机选用，开展探究性学习．

案例3　苏科版必修5教材习题2.3（1）的"探究·拓展"问题：

设 $\triangle ABC$ 中角 A，B，C 的对边分别为 a，b，c．

（1）若 a，b，c 成等差数列，由此可以得到什么结论？

（2）若 a，b，c 成等比数列，由此可以得到什么结论？

能力视角分析： 这是在等差、等比数列后设置的一道开放性问题，之前已学习了斜三角形的正、余弦定理，编者有意进行知识、方法横向联系的训练．其实它与不等式、解析几何等知识都有联系．我校在高二推理证明（学习数列、不等式及圆锥曲线后）的一次习题课上，本工作室朱老师整合问题

资源，进行了一次探究性学习.

教师呈现问题，对（1），学生略作思考后，进行师生互动. 以下是课堂教学的片段：

生1：（1）由 a，b，c 成等差数列，得 $2b=a+c$；

生2：两边平方得 $4b^2=a^2+c^2+2ac$.

师：观察等式的形式特点，能否进行深度处理呢？（大家在思考）

生3：用基本不等式：$a^2+c^2+2ac\geq 2ac+2ac$，$\therefore 4b^2\geq 4ac$，得 $b^2\geq ac$.

师：这个式子说明什么？

生3：说明等差中项不小于前后两项的乘积.（同学们在频频点头）

生4：我联想到余弦定理 $\cos B=\dfrac{a^2+c^2-b^2}{2ac}$，将 $2b=a+c$ 代入，

得 $\cos B=\dfrac{a^2+c^2-\left(\dfrac{a+c}{2}\right)^2}{2ac}=\dfrac{3a^2+3c^2-2ac}{8ac}$.

因为 $3a^2+3c^2\geq 6ac>0$，所以 $\dfrac{3a^2+3c^2-2ac}{8ac}\geq \dfrac{6ac-2ac}{8ac}=\dfrac{1}{2}$.

因为 $y=\cos x$ 在 $(0,\pi)$ 单调递减，所以 $B\leq\dfrac{\pi}{3}$.

又 $B>0$. 所以 $0<B\leq\dfrac{\pi}{3}$.

突然，生5倏地站起来说：如果把三个数 a，b，c 看作是椭圆（或双曲线）中的 a，b，c，那么这三者满足一个关系式 $a^2=b^2+c^2$，这样，可求出离心率的值.（师生都很惊讶）

师：试试，这样的离心率存在吗？

生5：消 b，得 $4(a^2-c^2)=a^2+2ac+c^2$，整理得 $5c^2+2ac-3a^2=0$，同除以 a^2，得

$5e^2+2e-3=0$，故 $e=\dfrac{3}{5}$ 或 $e=-1$（后者舍去），它是存在的.

师：我怎么就没有想到呢！你们俩太棒了！大家可以看到，这样的离心率不仅存在，而且还很有意义，因为它既考查了二次齐次式的处理方法，还考查了离心率的范围.

141

对问题（2），作为学生的变式练习，可类比探究出类似的结论．（略）

教师点评：对数学中的一些条件，如果能从形式结构上观察，进行合理联想，可能发掘出许多性质，真是"挖出萝卜带出泥"！

评注：本题学生由形式的二次式，联想到余弦定理、圆锥曲线等，由不等关系联想到基本不等式，由齐次式联想到"两边同除"，其中，形式联想起了关键的作用．学生经过信息处理，得出结论的开放性：角 B 的范围、离心率的范围，又得出方法的开放性：基本不等式、余弦定理、函数单调性、"齐次方程处理法"（有时需要几个方法的结合）．教师如能经常利用好这些开放性试题，可以培养学生的发散性思维以及分析、解决问题的能力，从而满足现代创新复合型人才的需要．

教学实践还表明：有时课本中前一堂课的某些习题，可以作为后一堂课新知探究的引入，由于学生已经钻研过这些习题，熟悉、亲切且印象深刻，如果能与某一新知联结，则可能收到拓展思维的意外之效．

思维能力的训练是一个长期的过程，不求一时能奏效，需要在平常教学中不断渗透．以能力立意整合教材资源，开展探究活动，还能让学生体验数学发现和创造的历程，体验其中的"成"与"挫"，这对学生个人的发展乃至民族的振兴都很有意义；而教师立志于这方面的研讨，也大有可为．

对核心素养"数学抽象"的实践与认识

近年来,有关"数学素养"的问题受到教育界的普遍关注.高中数学新课标认为数学核心素养具有数学基本特征、适应个人终身发展和社会发展需要的必备品格与关键能力,是数学课程目标的集中体现."数学抽象"位居六个数学核心素养之首,史宁中教授认为:数学在本质上研究的是抽象的东西,数学的发展所依赖的最重要的基本思想也就是抽象.本文结合笔者的教学实践谈谈数学抽象及如何培养学生的抽象能力.

一、数学抽象的含义

所谓抽象,是指在认识过程中,舍弃事物个别的、非本质的属性,抽取出本质属性的过程和方法.数学抽象是指通过观察、分析,撇开事物表象的、外部的、偶然的东西,抽出事物本质的、内在的、必然的东西,从空间形式和数量关系上揭示客观对象的本质和规律的一种数学研究方法.譬如著名数学家欧拉在解决哥尼斯堡"七桥"问题时,撇开岛区、陆地的其他属性,将它抽象成四个点,把七座桥抽象成七条线,于是,一次无重复地走过七座桥的问题转化为不重复地一笔画成图形的问题.欧拉这一成功的实践采用的就是数学抽象的方法.

关于数学,辞海中定义为"数学是一门研究现实世界中数量关系和空间形式的科学",史宁中教授定义为"数学是研究空间形式和数量关系的一门科学",认为不管是现实世界中,还是思维想象中的"数量关系和空间形式"都属于数学研究的范畴.这表明数学抽象的基本特征是数量化和形式化.

二、在课堂教学中进行数学抽象的探索

数学抽象具体表现在以下几个方面：第一，形成数学概念与规则．第二，形成数学命题与模．第三，形成数学方法与思想等．以下通过几个优秀的教学案例予以诠释：

1. 在概念教学中，通过精心设计素材，引出学生抽象数学概念

众所周知，数学概念是数学知识的基础，是数学思维的基本形式．概念的获得有两种基本方式——概念的形成与概念的同化．概念的形成是指从一些具体例证出发，抽取一类事物的共同属性，从而形成概念；概念同化是指用定义的方式直接揭示概念，学生利用已有认知结构中的有关知识理解新概念．可见，概念的形成过程就是对概念进行数学抽象、概括的过程，譬如导数概念，就是从物体直线运动的瞬时速度、曲线的斜率以及电流的强度等概念进行高度抽象的结果，譬如"四元数"，是借助符号与类比得到更高层次的抽象．"对数"是高中数学中的一个核心概念，也是教学的难点．

案例1　高中数学必修1"对数"概念教学

在江苏省高中数学评优课上，我们把两位优秀选手的教学片段做如下的整合：

（1）创设问题情境，自然引出对数概念

情境1：以古代名句引入

上课伊始，教师问"大家知道古代的思想家庄子吗？"教师乘势介绍"老庄哲学"（略）．

接着，投影：庄子曰："一尺之棰，日取其半，万世不竭．"

问题一：取1次，还剩余多长？（剩余0.5尺）

问题二：取多少次还剩余0.125尺？（$\left(\dfrac{1}{2}\right)^x = 0.125$，求 x.）

思考：多少次后剩余不足0.001尺？（$\left(\dfrac{1}{2}\right)^x < 0.001$，求 x.）

情境2：从逆运算的角度引入

课本第68页例4 某种放射性物质不断变化为其他物质，每经过1年，这

种物质剩留的质量是原来的 84%.

问题三：写出这种物质的剩留量关于时间的函数关系式.

学生不难列式：经过 x 年，该物质的剩留量为 $y=0.84^x$.

问题四：只要知道时间 x 就可以计算剩留量 y，反过来，如果我们知道了该物质的剩留量 y，怎么求出所经过的时间 x 呢？比如经过多少年，剩留量为 0.5？

即已知 $0.84^x=0.5$，求 x.

问题五：请你观察、抽象：已知 $\left(\dfrac{1}{2}\right)^x=0.125$，求 x？已知 $0.84^x=0.5$，求 x？再如 $3^x=27$，$10^x=2$ 等等，这是一类什么问题？

引导学生得出：这是一个"已知底数和幂的值，求指数"的问题，这是一种新的运算，本节课将要研究它.

问题六：$0.84^x=0.5$ 中的 x 是否存在？是否唯一？能否借助之前所学的指数函数内容加以说明？

引导学生得出 $0.84^x=0.5$ 中的 x 存在且唯一.

（2）从情境中抽象、建构对数概念.

① 定义"对数"：一般地，如果 $a(a>0，a\neq1)$ 的 b 次幂等于 N，即 $a^b=N$，那么就称 b 是以 a 为底 N 的对数，记作 $\log_a N=b$，其中，a 叫作对数的底数，N 叫作真数.

② 对定义的说明：教师让学生明确对数概念的本质以及如何书写等.

③ 简单运用（略）.

评注：对数概念比较抽象，构成教学的难点，突破难点的主要方法是化抽象为具体，适当增加感性材料作为铺垫.情境1是通过学生熟悉的古代名句引入，以史激趣、以史化人；情境2是从数学体系的需要，以教材中指数函数问题为背景，依次提出四个问题，问题三、问题四是引导学生从数学逆运算的角度引出对数概念，较为自然；经过三次抽象，第一次是从两个实际问题情境舍弃具体的属性，抽象出数学问题，第二次抽象是通过问题五让学生观察、分析两类实际问题、两个数学式子，从中抽象出概念的共同属性，得出"已知底数和幂的值求指数"的新问题，这样，从解决一类问题的需要引进一种新的运算，揭示了学习"对数"的必要性．之后通过分析问题六，发现了"求指数 x 的运算不仅存在而且唯一"，可见，进行"对数"的研究是有价值的，由此给"对数"下定义就水到渠成，下定义可以视为第三次抽象，是把对数的本质属性用数学符号语言表述，明确称呼、记法，使对数概念更明确且容易推广．由此可见，对数概念的教学是从概念的形成角度，抽象出概念的本质属性，然后从概念同化的角度给对数下定义，这是两种概念获得方式的结合，也是教师引导学生进行数学抽象的结果．提供抽象的事例一般需要 3 个，否则抽象的结论不能令人信服．

2. 在应用题教学中，通过归纳提炼，教学生抽象数学模型

"数学建模"是新课标提出的六大数学素养之一，应用题是建模的主要载体，也是中等及中等以下学生的"拦路虎"．而建立模型的过程，就是一个数学抽象的过程．教师要让学生亲历探索、建模的过程，教学生抽象数学模型和问题的本质．

案例2　高一必修4"三角函数的应用"的教学片段

无锡市一次学科带头人评选的课题是"三角函数的应用"，教材上有两道例题（见下例1、例2），以下是其中一位优秀教师的教学片段．

例1： 点 O 是简谐运动物体的平衡位置，取向右方向为物体位移的正方向，若已知振幅为 3 cm，周期为 3 s，且物体向右运动到平衡位置最远处开始计时．

（1）求物体在平衡位置的位移 x（cm）和时间 t（s）之间的函数关系？

（2）求物体在 $t=5$ s 时位置？

说明： 教材中例1虽容易理解，但教材直接给出了简谐振动的函数关系，学生心存疑惑，因此，教师设置一道简单探索题复习拟合法建模，揭示振动方程的形成过程，而把例1作为练习，如此处理体现了用教材教的理念．

课堂操作

第一步：创设情境，提出问题

情境：动画播放简谐振动图片，出示附图2.

附图2

问题：点 O 是简谐运动物体的平衡位置，取向右方向为物体位移的正方向，下表是物体在平衡位置位移 x（cm）和时间 t（s）的关系表：

附表1　物体在平衡位置位移 x（cm）和时间 t（s）的关系表

t（s）	0	0.5	1	1.5	2	2.5	3
x（cm）	1.5	3	1.5	−1.5	−3	−1.5	1.5

试求出物体在平衡位置的位移 x（cm）和时间 t（s）之间的函数关系.

第二步：引导学生探究

师问：观察表格中数据，位移变化具有怎样的规律？部分学生感觉是周期变化，但不够自信. 师追问：有什么办法解决这个问题呢？学生觉得可以通过画图、观察.

教师给每位学生下发画图纸，学生在纸上描点、画散点图. 部分学生觉得可以用正弦型函数 $x = A\sin(\omega t + \varphi)$ 来拟合这些数据，有的学生觉得也可以用余弦型函数. 教师为方便起见，统一用正弦型函数. 之后，学生用待定系数法求出 $x = 3\sin\left(\dfrac{2\pi}{3}t + \dfrac{\pi}{6}\right)$.

第三步：学生练习

（解决教材例1）.

第四步：回顾小结

教师提出下列问题，引导学生抽象、回味.

（1）通过上述解答，请你说出一个物体的简谐振动，其数学本质是什么？

（2）从今天研究函数的方法，结合初中研究函数的方法（一次、二次、反比例函数），你觉得研究函数的一般方法是什么？

（3）请大家归纳提炼解决三角应用问题的基本思路，重点是什么？从而推广到解决一般应用题.

请3~4位学生回答，整理如下：

（1）物体的简谐振动，可以用正弦型函数，也可用余弦型函数，其本质是周期函数.

（2）通过列表、描点、画图获得性质，即拟合法是研究函数的一般方法.

（3）解决三角应用问题的基本思路（附图3流程图），重点是建模，难点是联想到画图.

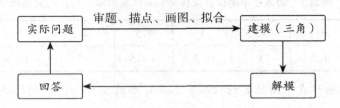

附图3

解决一般应用题的基本思路也类似，通过审题、寻找数量关系，建立模型．再通过解模，从而回答原问题.

例2：一半径为3 m的水轮如附图4所示，水轮圆心 O 距离水面2 m，已知水轮每分钟逆时针转动4圈，如果当水轮上点 P 从水中浮现时（图中点 P_0）开始计算时间.

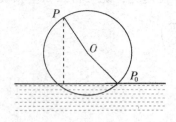

附图4

（1）将点 P 距离水面的高度 z（m）表示为时间 t（s）的函数；

（2）点 P 第一次到达最高点大约要多长时间？（参考数据：略）

说明：本题是三角函数在圆周运动中的运用，信息多，综合性强，高一学生显得困难. 需要突破建模之难点.

课堂操作

第一步：创设问题情境

情境：投影明代科学家宋应星《天工开物》中的水车和三峡水电站的大型机组的图片（略）.

问题：从上述两幅图片看，水轮在生活中起了重要作用，水轮的运动特点是什么？用什么函数描述这种运动？出示例 2（把半径改为 4 m）.

第二步：通过师生对话，引导学生探究

解答要点如下：

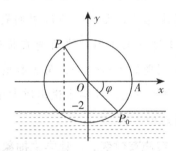

附图 5

（1）明确本题目标 z（m）（表示为时间 t（s）的函数）$\rightarrow z(m) = y_P + 2$ $\rightarrow t$ 秒转过的弧度数为 $\dfrac{2\pi}{15}t$，且 $\varphi = -\dfrac{\pi}{6} \rightarrow \angle AOP = \dfrac{2\pi}{15}t - \dfrac{\pi}{6} \rightarrow z = 4\sin\left(\dfrac{2\pi}{15}t - \dfrac{\pi}{6}\right) + 2$.

（2）（略）.

第三步：教师通过下列问题引导学生数学抽象

（1）变式：若半径为 r，角速度为 ω，起点 P_0 分别在第一、第二、第三象限时，点 P 距离水面的高度 z（m）表示为时间 t（s）的函数怎样？

（2）例 2 这种圆周运动，高度 z 与时间 t 的函数关系的数学本质是什么？

（3）结合例 1，你觉得还有哪些学习、生活中的运动问题也满足这个规律？

请 3～4 位学生回答，整理如下：

（1）z 表示为时间 t（s）的函数为：$z = r\sin(\omega t + \varphi) - r\sin\varphi$；

（2）z 满足解析式 $z = A\sin(\omega t + \varphi) + B$，本质是周期函数；

（3）除了刚才的水轮，还有弹簧振子、钟摆、摩天轮等含周期现象的问题，都可以归结为这一公式.

评注：对教材中例 1、例 2 的处理显示了教师的智慧，其一，从生活中的问题（简谐振动、水轮）出发精心设计问题情境，有益于促进学生理解问题；其二，围绕问题的解答，在教师引导下，学生都亲历了数学探究；其三，解答后让学生回顾反思，进行数学抽象，例 1 中三个问题，（1）是抽象出物体简谐振动的数学本质；（2）是抽象出研究函数的一般方法；（3）是让学生提炼解决三角应用问题的基本思路，乃至一般应用问题的基本思路. 例 2 中的三个问题，（1）是把例 2 这一具体问题进行变式推广，归结为一个表达式；（2）抽象出质点运动一类问题的本质——三角函数的周期性（三角函数最重要的性质之一）；（3）是通过举例，让学生说出质点运动的外延. 这是在教学生抽象数学模型，抽象问题的实质.

3. 在复习课教学中，实施有效变式，让学生抽象问题的本质

复习课是高中数学的主要课型之一，其重点是问题的选编与精讲，这里主要谈如何通过变式精讲，教学生归纳数学方法、抽象问题的本质."变式"是指通过变条件、变结论等，对命题进行不同角度、不同层次的变式，完善学生的知识结构和方法体系.

案例 3 在高三"三角"复习教学中，一位教师出示问题：

在 $\triangle ABC$ 中，若三角 A，B，C 所对的三边依次为 a，b，c，若 a，b，c 成等比数列，求角 B 的取值范围.

解析：用余弦定理，得 $\cos B = \dfrac{a^2 + c^2 - b^2}{2ac} = \dfrac{a^2 + c^2 - ac}{2ac} \geqslant \dfrac{2ac - ac}{2ac} = \dfrac{1}{2}$，因 $y = \cos B$ 在（0，π）上单调递减，故 $B \in \left(0, \dfrac{\pi}{3}\right]$.

解答后，教师可进行下列变式：

变式 1：若 a，b，c 成等差数列，则 $\angle B$ 的取值范围 _____；

变式 2：若 a，b，c 成等差数列，且 $\sin B + \cos B = k$，则 k 的取值范围 _____．

简析：条件变形为 $k = \sqrt{2}\sin\left(B + \dfrac{\pi}{4}\right)$，把求 k 的取值范围转化为求 B 的取值范围；

变式 3：若 $\sin A + \sqrt{2}\sin B = 2\sin C$，则 $\cos C$ 的最小值为 _____．（2014 江苏卷）

简析：用正弦定理把角化为边，$a + \sqrt{2}b = 2c$，用余弦定理求 $\cos C$，化简、整理得 $\cos C \geqslant \dfrac{\sqrt{6} - \sqrt{2}}{2}$．

让学生进行依次回答下列问题，进行抽象、应用：

（1）从原题及变式题中抽象一下，这是一类什么问题？

（2）请说出解决这类问题的方法及流程，该问题的本质是什么？

（3）请你编一道问题，让同伴求解．

通过 2~3 位学生回答，归纳起来，有以下几点：

（1）这是一类求三角形中某一个角（或余弦值）的取值范围（或最值）问题．

（2）解题方法及流程：转化为边的关系→用余弦定理表示角的余弦→变形、结合基本不等式→求余弦值的范围→根据余弦函数的单调性，求角的范围或最值．

（3）学生自编题：（选取其中两题）．

题 1：若 $2\sin A + \sin B = \sqrt{3}\sin C$，则 $\angle A$ 的取值范围是 _____．

题 2：若 $ma + nb = kc$，$|k| > |m|$ 且 $|k| > |n|$，则 $\cos C$ 的最小值为 _____．

解析：$\cos C = \dfrac{(k^2 - m^2)a^2 + (k^2 - n^2)b^2}{2ab} - \dfrac{mn}{k^2} \geqslant \dfrac{\sqrt{(k^2 - m^2)(k^2 - n^2)}}{k^2} - \dfrac{mn}{k^2}$．

评注：在学生解答一道问题后，教师通过三个变式题，变更对象的非本质属性，这种从特殊到一般，推广引申的过程就是一种弱抽象的过程．通过对该题组的解答及抽象思考，学生不仅掌握了解决这一类问题的方法，获得整体认识，而且透过现象弄清了这类问题的本质，喜悦之情溢于言表．当然，变式需要依据学情与内容，适度进行．之后，让学生尝试自编习题，是为了加深学生对一类问题本质的理解．

三、数学抽象的意义及操作要点

综上，数学抽象，可以把表面复杂的东西变得简单，把表面混沌的东西变得清晰，把表面无关的东西变得统一．数学抽象的意义，归纳起来有以下几点：

（1）数学研究对象通过符号形式进行推理和运算，给数学理论的表述和论证带来极大的方便，它是数学发展和人们认识数学的重要方法；

（2）通过抽象，让学生亲身经历新知建立的观察、分析、抽象、概括的全过程，有益于他们学习科学研究的一般方法，有益于培养学生的认知力和抽象能力；

（3）引导学生透过现象抽象问题的本质，实际是教学生学会学习、学会思考，这对于改变某些地区学生依赖教师、被动学习有积极的意义；

（4）数学抽象也是解决数学问题的基本方法．正是数学的高度抽象性，使得数学具有广泛的应用性，可以提炼数学概念，概括数学模型，使学生在数学解题时有意识地区分问题的主次，抓住事物的本质．

操作上，其一，不论是概念教学还是应用题、习题教学，教师都要预留一点时间，把抽象的机会让给学生；其二，在新授课教学中，教师要精心创设问题情境，引导学生通过观察、分析、抽象，提炼数学概念，归纳数学结论、抽象数学模型；在复习课或习题课教学中，教师要进行有效的变式训练，使学生更好地把握问题的本质和规律；其三，要遵循循序渐进的原则，低起点，小步子，发现并肯定学生的闪光处，不断给予学生成功的机会．培养学生数学抽象能力是一个长期的过程，从上述案例不难发现，在课堂上有意识加强训练，润物细无声，只要坚持下去，就能积小胜为大胜．

探索培养学生数学运算素养的几个途径

高中课标修订稿中明确提出了培养学生核心素养的目标，数学运算是数学核心素养之一．数学运算是指在明晰运算对象的基础上，依据运算法则解决数学问题．作为选拔性的高考数学江苏卷，近年给我们以启示：试题重视对数学运算素养的考查，譬如 2016 年高考江苏卷的试题 13 ~ 14，16 ~ 19，2017 年高考江苏卷的试题 12，17，19 ~ 20 等，都得到体现．在平常课堂教学中，如何让数学运算素养落地生根，以下是我们的一些探索与认识．

一、探索运算思路，选择简捷途径

"在学习解析几何过程中，你觉得最大的困惑是什么？"从一次对学生的问卷调查得知，"思路、方法的选择""运算烦琐"，从笔者多年的教学实践反馈：有时运算思路的不同，运算量的差异将很大，会导致运算烦琐．因此解决解析几何问题，运算思路的优化、选择尤为重要．在一次高三"直线与圆复习"的公开课上，优秀教师 A 对一道问题的运算思路进行了探索：

问题一：已知圆 C，如附图 6 所示，$(x-3)^2 + (y-4)^2 = 4$，直线 l_1 过定点 A（1，0）．

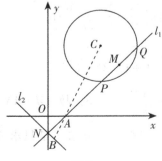

附图 6

(1) 若 l_1 与圆相切，求 l_1 的方程；

(2) 若 l_1 与圆相交于 P，Q 两点，线段 PQ 的中点为 M，又 l_1 与 l_2：$x + 2y + 2 = 0$ 的交点为 N，判断 $AM \cdot AN$ 是否为定值；若是，则求出定值；若不是，请说明理由．

解析：

(1) 思路简单属基本运算，本小题略．

(2) **方法一**：求出点 M，N 的坐标，代入 $AM \cdot AN$. 设直线 l_1 为 $y = k(x - 1)$（因 l_1 斜率存在），与圆 C 方程联立，消 y 得 $(1 + k^2)x^2 - (2k^2 + 8k + 6)x + k^2 + 8k + 21 = 0$. 由韦达定理解出 M 点坐标 $\left(\dfrac{k^2 + 4k + 3}{k^2 + 1}, \dfrac{k(4k + 2)}{k^2 + 1} \right)$. l_1 与 l_2 联立，得 N 点的坐标 $\left(\dfrac{2k - 2}{2k + 1}, \dfrac{-3k}{2k + 1} \right)$，再利用两点间距离公式，求出 $AM = \dfrac{4k + 2}{\sqrt{1 + k^2}}$，$AN = \dfrac{3\sqrt{1 + k^2}}{2k + 1}$，所以 $AM \cdot AN = \dfrac{4k + 2}{\sqrt{1 + k^2}} \cdot \dfrac{3\sqrt{1 + k^2}}{2k + 1} = 6$ 为定值．

教师问题启发：方法一的运算量较大，究竟大在哪？是否可以避免？

学生觉得运算量主要大在计算 M 点的坐标．

优化策略 1：在计算 M 点时，是否可以回避圆方程与直线方程联立，而用直线方程与 PQ 的中垂线方程联立得到，通过两直线联立，减少运算量？

优化策略 2：因 A，M，N 三点共线，是否考虑利用向量工具？

教师友情提醒：向量的数量积是 C 级要求．然后由前后桌四人讨论．之后得出：

方法二：利用向量 $AM \cdot AN = \overrightarrow{AM} \cdot \overrightarrow{AN} = (\overrightarrow{AC} + \overrightarrow{CM}) \cdot \overrightarrow{AN} = \overrightarrow{AC} \cdot \overrightarrow{AN}$.

同上，求出 N 点的坐标 $\left(\dfrac{2k - 2}{2k + 1}, \dfrac{-3k}{2k + 1} \right)$，

$\overrightarrow{AC} = (2, 4)$，$\overrightarrow{AN} = \left(\dfrac{-3}{2k + 1}, \dfrac{-3k}{2k + 1} \right)$，

所以 $\overrightarrow{AC} \cdot \overrightarrow{AN} = \dfrac{-6}{2k + 1} - \dfrac{12k}{2k + 1} = -6$，故 $AM \cdot AN = 6$ 为定值．

教师启发：方法一是两点都求，方法二是只求 N 点，能否再进一步，点 M，N 都不求？

优化策略3：友情提醒，考虑利用平面几何的性质，是否可以通过三角形的相似来破解？

学生思考并讨论后回答.

方法三：连接 CA 并延长，交直线 l_2 于点 B. 由于 $k_{CA}=2$，则直线 CA 与 l_2 互相垂直，故 $\mathrm{Rt}\triangle ACM \backsim \mathrm{Rt}\triangle ANB$，得 $AM\cdot AN=AB\cdot AC$. 由点 A，C 坐标得直线 AC 的方程为 $y=2x-2$，与 l_2 联立得 $B\left(\dfrac{2}{5},-\dfrac{6}{5}\right)$，由两点间距离公式，得 $AB\cdot AC=\dfrac{3\sqrt{5}}{5}\cdot 2\sqrt{5}=6$.

评析：上述三种方法，方法一是直接法，通过建立不同的方程组表示出 M，N 点的坐标，思路简单，但运算量较大，稍有不慎则越算越复杂，可能放弃. 方法二是绕开 M 点，巧用向量的分解转化，由于垂直关系，数量积为零，使得运算非常简单. 方法三是由于直线的特殊位置关系——垂直，得到直角三角形，大大降低运算量，使得解答流畅、简洁，从方法一到方法三，一次比一次简洁，一次比一次优美.

其一，方法二和方法三之所以简单，是源于发现并利用了其中的特殊性——垂直关系，可见，特殊性寓于一般性之中，需要我们炼就一双慧眼，善于挖掘其中的特殊关系. 其二，后两种方法运算量虽小，但思维量大，思维层次低的学生不易想到，不适合，只能作为其努力的方向，但方法一必须掌握. 其三，简化计算的途径有很多，通常有向量法、回归定义、利用几何性质以及合理设参数等，通过不同的途径解决问题，我们会发现简化程度不同. 让学生明晰，解答解析几何问题，难免有一些烦琐，但需要树立求简意识. 引导学生通过探索运算思路，加以对比、优化，以便设计合理、简捷的运算途径. 经历上述过程，让学生不仅知其然，而且知其所以然.

有时运算思路的不同，可能导致运算正确率的较大差异. 以下是高三"一轮"复习"三角与向量"专题复习课的一个场景：

问题二：已知角 A，B，C 的对边分别为 a，b，c，向量 $m=\left(-\cos\dfrac{A}{2},\sin\dfrac{A}{2}\right)$，$n=\left(\cos\dfrac{A}{2},\sin\dfrac{A}{2}\right)$，$a=2\sqrt{3}$，$mn=\dfrac{1}{2}$.

（1）若 $\triangle ABC$ 的面积为 $S = \sqrt{3}$，求 $b + c$ 的值；

（2）求 $b + c$ 的取值范围．

解析：

（1）利用面积公式，结合余弦定理，易得 $b + c = 4$．

（2）生 1：消元 bc，利用基本不等式得 $bc \leqslant \left(\dfrac{bc}{2}\right)^2$，$12 \geqslant (b + c)^2 -$ $\dfrac{(b + c)^2}{2}$，得 $b + c \leqslant 4$．又 $b + c > 0$，故 $b + c$ 的取值范围是 $(0, 4]$．

这时教师习惯性地问一句：还有其他方法吗？

生 2：我用正弦定理求解，由 $a = 2\sqrt{3}$，$A = \dfrac{2\pi}{3}$，由正弦定理得 $\dfrac{b}{\sin B} =$ $\dfrac{c}{\sin C} = \dfrac{2 \times 2\sqrt{3}}{\sqrt{3}}$，所以 $b = 4\sin B$，$c = 4\sin C = 4\sin\left(\dfrac{\pi}{3} - B\right)$，故 $b + c = 4\sin$ $\left(B + \dfrac{\pi}{3}\right)$，且 $B + \dfrac{\pi}{3} \in \left(\dfrac{\pi}{3}, \dfrac{2\pi}{3}\right)$，于是 $\sin\left(B + \dfrac{\pi}{3}\right) \in \left(\dfrac{\sqrt{3}}{2}, 1\right]$，从而 $b + c \in$ $(2\sqrt{3}, 4]$．

两种不同思路的解答，结果有差异，原因何在？要引导学生进行反思．2～3分钟后，有些学生看出来了，"第一种解答漏了两边之和大于第三边，应把它补上"．教师乘势进行对比：本题虽然用余弦定理简单，但这类范围问题很容易遗漏；而用正弦定理将转化为一个角的三角函数形式，虽然计算复杂一点，但正确率较高，不过也要把"角"的范围"精致化"才有效．启示我们对于三角形问题，也要绷紧"定义域""范围"这根弦．其实背后的原因，"根"在基本不等式，因为运用基本不等式往往只能得到一个方向，要么"≤"，要么"≥"，容易误解．

可见，思路决定出路，而且不同的思路碰撞，还可以完善学生的认知，培养其思维的严谨性．

二、对比运算方法，设计运算流程

在交流中发现，学生的解题习惯常常是为了抢时间，直奔主题，甚至"死算"，对方法的选择考量甚少，对运算过程中复杂状况的处理缺乏应对措施，根本原因是平时很少从研究题目的角度去审题、解题，缺乏比对意识和设计运算流程的习惯，且看下面的问题分析．

问题三：（无锡市高三期末考试题18）已知椭圆 $\dfrac{x^2}{4}+\dfrac{y^2}{3}=1$，动直线 l 与椭圆交于 B，C 两点．

（1）若点 B 的坐标为 $\left(1,\dfrac{3}{2}\right)$，求 $\triangle OBC$ 面积的最大值；

（2）（略）．

解析：

（1）**方法一：**设直线 BC 方程为 $y-\dfrac{3}{2}=k(x-1)$，联立方程组消去 y，利用韦达定理、点到直线的距离公式，用 k 表示出 $\triangle OBC$ 面积 $S=\dfrac{1}{2}BC\cdot d$（d 为点 O 到 BC 的距离），再求解．

方法二：设 OB 方程为 $y=\dfrac{3}{2}x$，设过点 C 且平行于 OB 的直线 l' 方程为：$y=\dfrac{3}{2}x+b$. 联立方程组，消 y，由 $\Delta=0$ 和点到直线的距离公式，求出面积 $S=\dfrac{1}{2}OB\cdot h$（h 为点 C 到 OB 的距离）．

两种方法的运算程序对比：

方法一：联立 $\begin{cases}\dfrac{x^2}{4}+\dfrac{y^2}{3}=1,\\ y=kx+\dfrac{3}{2}-k,\end{cases}$ 得：

$(3+4k^2)x^2-8k\left(k-\dfrac{3}{2}\right)x+4\left(k-\dfrac{3}{2}\right)^2-12=0$，

$x_1+x_2=\dfrac{8k\left(k-\dfrac{3}{2}\right)^2}{3+4k^2}$，$x_1x_2=\dfrac{4\left(k-\dfrac{3}{2}\right)^2-12}{3+4k^2}$，

$BC=\sqrt{1+k^2}\,|x_1-x_2|$

$\quad=\sqrt{1+k^2}\,\sqrt{(x_1+x_2)^2-4x_1x_2}$

$$= \sqrt{1+k^2}\; \frac{\sqrt{64k^2\left(k-\frac{3}{2}\right)^2 - 16(3+4k^2)\left[\left(k-\frac{3}{2}\right)^2 - 3\right]}}{3+4k^2}$$

$$= \frac{12\sqrt{1+k^2}\sqrt{k^2+k+\frac{1}{4}}}{3+4k^2}$$

$$= \frac{12\left|k+\frac{1}{2}\right|\sqrt{1+k^2}}{3+4k^2},$$

由点到直线的距离公式，得 $d = \dfrac{\left|\frac{3}{2}-k\right|}{\sqrt{1+k^2}}$，

$$\therefore S = \frac{1}{2}BC \cdot d = \frac{3\left|\left(k+\frac{1}{2}\right)\cdot(3-k)\right|}{3+4k^2}.\;\text{一般只能放弃.}$$

方法二：设 OB 方程为 $y=\dfrac{3}{2}x$，设过点 C 且平行于 OB 的直线 l' 方程为：

$y=\dfrac{3}{2}x+b$.

则当 l' 与椭圆只有一个公共点时，$\triangle OBC$ 面积最大.

$$\begin{cases} \dfrac{x^2}{4}+\dfrac{y^2}{3}=1 \\ y=\dfrac{3}{2}x+b \end{cases}，\text{消去 } y \text{ 并整理得 } 3x^2+3bx+b^2-3=0，\text{此时 } \Delta = 9b^2 -$$

$12(b^2-3)$，令 $\Delta = 0$，解得 $b=\pm 2\sqrt{3}$，当 $2=2\sqrt{3}$时，$C\left(-\sqrt{3}, \dfrac{\sqrt{3}}{2}\right)$；当 $b=$

$-2\sqrt{3}$时，$C\left(\sqrt{3}, -\dfrac{\sqrt{3}}{2}\right)$，$\therefore S = \dfrac{1}{2}OB\cdot h = \dfrac{1}{2}\times\sqrt{1+\dfrac{9}{4}}\times\dfrac{|3\sqrt{3}+\sqrt{3}|}{\sqrt{13}} = \sqrt{3}.$

上述两种方法比较类似，解决这类解析几何问题，通常都是采用"联立、化简、判别式、韦达定理"的一般模式，两种思路都联立方程组，利用判别式及点线距离，表示目标——面积，虽然知道了运算方向，但如果运算角度没有选好，造成了该题运算量的差异很大，也可能会导致运算错误或无法运算下去. 方法一是用 BC 为底，因直线含有字母 k，用两点间距离表示三角形

的底，形式很复杂；方法二是用 OB 为底，为一个定值，三角形的高则假设了一条平行线，与椭圆联立，利用判别式为 0，判断求解，运算量大为减少．当然，本题还有一种更为简单的方法，以 OB 为底，设点 C 的参数式（$2\cos\theta$，$\sqrt{3}\sin\theta$），则 $h = \dfrac{|6\cos\theta - 2\sqrt{3}\sin\theta|}{\sqrt{13}} = \dfrac{|4\sqrt{3}\sin(\theta - 60°)|}{\sqrt{13}}$，当 $\theta = 150°$ 时，S 取得最大值，得解．

方法一比方法二烦琐，主要是缘于选择了表示面积的形式不妥．其实，对于三角形面积的表示，常规的求解是采用方法一，设两个动点的坐标分别为（x_1，y_1），（x_2，y_2），用两点间距离表示弦长，由此产生了思维定势（少数教师也这样操作），但是本题的两个点有一个为定点，再加上另一个定点（原点 O），选择两个定点的边为底表示三角形的面积，运算量小得多，这无疑是合理的选择．在考虑运算思路的同时，选择好运算方法，也非常重要．要做到这一点，关键是方法要能让学生充分内化．其一，上述分析要引导学生进行，让学生弄清楚算正确．如何表示面积，假设直线方程哪种形式合适？不断优化、选择，才能让学生的解题能力得以提升．其二，学生和教师都容易产生思维定势，如何防止呢？可以借助设计作业和检测试题，再通过师生一道讲评，矫正问题，然后还要用变式题巩固．这样，在培养学生数学运算素养的同时，培养其思维的灵活性．

三、瞄准运算"拐点"，适时指点迷津

纵观高三阶段学生的练习和考试，对于大部分问题，其运算的基本思路和方法是明确的，但凡受阻很多是集中于复杂关系的"宏观结构"和"微观处理"缺少掌控力，进而大大影响了运算质量、信心和效果．学生在数学运算时，可能在一些地方"卡壳"，教师要善于在这些运算的"拐点"处为学生指点迷津．在一所四星级高中高三"三角"专题复习中，教师出示了下列一道问题：

问题四：在 $\triangle ABC$ 中，a、b、c 分别为角 A、B、C 的对边，且 $\dfrac{2a-c}{c} = \dfrac{\tan B}{\tan C}$．

（1）求角 B 的大小；

（2）若 $\sqrt{(1-\cos 2A)\cdot(1-\cos 2C)}=\dfrac{1+\sqrt{3}}{2}$，求 $\cos(A-C)$ 值．

解析：

（1）教师问：对条件式 $\dfrac{2a-c}{c}=\dfrac{\tan B}{\tan C}$ 如何处理？学生答：切化弦；然后学生通过恒等变形，得出 $B=\dfrac{\pi}{3}$；

（2）对于 $\sqrt{(1-\cos 2A)\cdot(1-\cos 2C)}$ 如何处理？

学生答：$\sqrt{2\sin^2 A\cdot 2\sin^2 C}=2\sin A\sin C=\dfrac{1+\sqrt{3}}{2}$，

$\therefore \sin A\sin C=\dfrac{1+\sqrt{3}}{4}$……不少同学迷失方向，在此"卡壳"．

有个别学习水平较高的同学认为，从目标出发，$\cos(A-C)=\cos A\cos C+\sin A\sin C$．至于如何求 $\cos A\cdot\cos C$，还是不清楚．该"出手"时，教师才"出手"相助．

提示1：可以从（1）的结论 $B=\dfrac{\pi}{3}$ 出发；发现有不少同学还看不出来，再给出：

提示2：展开 $\cos(A+C)$．师生一同解答：由 $A+C=\dfrac{2\pi}{3}$，得 $\cos A\cos C-\sin A\sin C=-\dfrac{1}{2}$，可以求出 $\cos A\cos C=\dfrac{\sqrt{3}-1}{4}$．这时大部分学生恍然大悟，只要代入 $\cos(A-C)$，可得解 $\dfrac{\sqrt{3}}{2}$．

问题五：（2009年高考17）．设 $\{a_n\}$ 是公差不为零的等差数列，满足 $a_4=1$，$a_2^2+a_3^2=1+a_5^2$．

（1）求数列 $\{a_n\}$ 的通项公式；

（2）试求所有的正整数 m，使得 $\dfrac{a_m\cdot a_{m+1}}{a_{m+2}}$ 为数列 $\{a_n\}$ 中的项．

解析：

（1）依据等差数列的通项公式，解得 $a_n=2n-7$．

（2）方法一：$\dfrac{a_m \cdot a_{m+1}}{a_{m+2}} = \dfrac{(2m-7) \cdot (2m-5)}{(2m-3)}$，设 $2m-3 = t$，则

$\dfrac{a_m \cdot a_{m+1}}{a_{m+2}} = \dfrac{(t-4) \cdot (t-2)}{t} = t + \dfrac{8}{t} - 6$，所以 t 为 8 的约数，t 有 ± 1，± 2，

± 4，± 8 八种情形，逐一检验，运算量不小．如果注意到 t 的取值范围，必

是一个奇数，只能是 ± 1，运算量就大为减少．当 $t = 1$，$m = 2$，$t + \dfrac{8}{t} - 6 = 3$，

是数列 $\{a_n\}$ 中的项；当 $t = -1$，$m = 1$，$t + \dfrac{8}{t} - 6 = -15$，数列 $\{a_n\}$ 中最小项

为 -5，不符合，舍弃．所以满足条件中的正整数 $m = 2$．

　　本题简化运算、获得解题突破的背后推理，一是利用了换元法，二是挖
掘隐含条件，进行直觉判断，第一次判断——t 为 8 的约数，有 8 种情况，获
得解题突破口，第二次判断——t 为奇数，仅剩下 2 个，运算量大为减少，提
升了运算效能．因此，及时判断、换元法是提升运算效能的主要途径．

　　如果我们在平常教学中，能经常瞄准问题的"拐点"，透彻分析学生的
"痛点"，精准点拨，引领学生反思品味，学生运算能力的获得感必然增强．

四、锁定运算症结，寻求矫正措施

　　学生在数学运算上容易出问题，不同的个体差异较大，有的问题是运算
习惯不好，有的是思维习惯出问题，有的是运算不够合理．要分析、弄清学
生运算的症结所在，使得矫正行动更有针对性和实效性．

　　问题六：一次数列单元检测试题：设数列 $\{a_n\}$ 的前 3 项的和 $S_3 = 9$，$a_1 = 1$，$b_n = 3^{n-1}$．

　　（1）求数列 $\{a_n b_n\}$ 的前项和 A_n；

　　（2）设 $c_n = \dfrac{1}{2}\left(\dfrac{a_{n+1}}{a_n} + \dfrac{a_n}{a_{n+1}}\right)$，求 $B_n = c_1 + c_2 + \cdots + c_n - n$．

　　解析：

　　（1）易得 $a_n = 2n - 1$，$a_n b_n = (2n-1)3^{n-1}$，这是一道典型的等差乘等比
数列，解决之法——"两式错位相减"，大部分学生也会，但得分率低于
35%．问题主要错在运算，错位相减后的最后一项应为 $-(2n-1)3^n$，却写成

了 $(2n-1)3^n$ ，当然也有少数学生项数弄错了．教师指出问题所在，提醒学生注意，学生用红笔订正了，上交批阅．不料，在过了一周的一次统计测试中，又给了一道数列类似的问题：在数列 $\{a_n\}$ 中，$a_1=1$，$a_{n+1}=\dfrac{n+1}{n}a_n+\dfrac{n+1}{2^n}$．

（1）设 $b_n=\dfrac{a_n}{n}$，求数列 $\{b_n\}$ 的通项公式；

（2）求数列 $\{b_n\}$ 的前 n 项和 S_n．其中，第（1）问，42 人有 35 人解答正确，$b_n=2n-\dfrac{n}{2^{n-1}}$；第（2）问，还是用"两式错位相减法"，但 35 位学生中也只有 22 位正确，6 人错在符号" $-$ "，几人合并错误，还有几位未合并：$\dfrac{1}{2^{n-2}}+\dfrac{n}{2^{n-1}}$．

不少同学虽知道运算方法，但运算却屡屡失误，原因何在？经过访谈、统计，主要有以下几点：

（1）少数同学第一次接触是在等比数列前 n 项和，在运用"两式错位相减"时快下课，匆忙讲，学生似懂非懂的，还来不及暴露思维缺陷，因课后各科作业多，没有时间消化．

（2）少数同学自己没有认真解答过一遍该方法，事非亲历终觉浅．

（3）少数同学订正不认真，讲的时候，照样画葫芦，没有经过深入思考．

（4）不少学生平常依赖计算器，有的学生不重视、不认真对待运算，致使运算能力薄弱．

根据上述问题，制定如下对策，其一，要向学生讲清数学运算的重要性，并养成良好的运算习惯．数学运算是新课标修订稿特别强调的培养核心素养之一，作为指挥棒的高考也很重视，每次作业、考试都离不开运算，当然包括字母运算，不重视运算就是对自己不负责．其二，要引导学生养成良好的运算习惯，分清关键步骤（得分点）和非关键步骤，一步一个脚印，步步踩实．其三，在接触一个新概念或新方法时，预设时一定要留足时间，下课前的匆忙讲授还不如不讲，像"两式错位相减"这样的重要方法，不仅要留一道巩固训练题，而且要通过学生的板演或投影暴露其问题，提升效能．其四，与学生一道整理数学运算的易错点，譬如函数问题容易忽视定义域，直线方程化简时，两边同乘和移项同时进行则容易失误，数列的通项公式和前 n 项和公式容易混淆等，在这些易错点运算时要格外小心、放慢节奏，避免出错．

不少同学指数运算相对较弱，对于形如 $2^n - 2^{n-1}$，$3^n - 3^{n-1}$，$\dfrac{1}{2^{n-2}} + \dfrac{n}{2^{n-1}}$ 不会化简，就需要在指数运算方面加强训练；其五，可以在一些易错点设计检测题、作业题，通过解题让学生自我矫正．如前文提及的问题三，可以作为消除思维定势的好素材，通过解答、对比和讲评，使之更有针对性．

波利亚在《怎样解题》中倡导的四步解题法"弄清问题，拟定计划，实现计划，回顾反思"，清晰阐明了解决数学问题的基本流程，这个流程对培养学生的数学运算也很有启示，一方面，要求我们数学教育工作者在引导学生理解运算对象、掌握运算法则的基础上，探究运算方向、选择运算方法、设计运算流程，以求得正确的运算结果；另一方面，还要瞄准运算的"拐点"，为学生适时指点迷津，要捕捉学生典型的运算错误，帮助学生找准运算的困惑点、失误点及失误的成因，设计针对性的训练问题，养成良好的运算习惯，从而提升学生的数学运算素养．

立足教材，培养学生数学核心素养的教学实践

——以必修 5 "数列"单元为例

《普通高中数学课程标准（2017）》对核心素养的阐述：数学学科核心素养是数学课程目标的集中体现，是具有数学基本特征的思维品质、关键能力以及情感态度价值观的综合体现，是在数学学习和应用的过程中逐步形成和发展的．高中数学核心素养有数学抽象、逻辑推理、数学建模、直观想象、数学运算、数据分析六个方面．如何把数学核心素养落实到课堂，值得大家深入探讨．本文以数列单元教学为例，谈利用教材资源，培养学生数学核心素养的实践与认识．

一、新授课应侧重培养学生的数学抽象、数学建模素养

数学抽象是通过对数量关系与空间形式的抽象，得到数学研究对象的素养．主要包括：从数量与数量关系、图形与图形关系中抽象出数学概念及概念之间的关系，从事物的具体背景中抽象出一般规律和结构，并且用数学语言予以表征．数学抽象是数学的基本思想，是形成理性思维的重要基础，反映了数学的本质特征，贯穿在数学的产生、发展、应用的过程中．

案例 1 "数列"概念的抽象（以下截取教材的一部分）

对于数列的概念，考察下面的问题：

（1）某剧场有 30 个座位，第一排有 20 个座位，从第二排起，后一排比前一排多 2 个座位（图略），那么各排的座位数依次为 20，22，24，26，28，…．

（2）彗星每隔 83 年出现一次，彗星的年份依次为 1740，1823，1906，

1989，2072，….

（3）"一尺之棰，日取其半，万世不竭"…，每日剩下的部分依次为：

$\frac{1}{2}$，$\frac{1}{4}$，$\frac{1}{8}$，$\frac{1}{16}$，$\frac{1}{32}$，….

（4）某种树木的枝干数依次为1，1，2，3，5，8，…．（图略）

（5）奥运会的金牌数15，5，16，16，28，32．

这些问题有什么共同特点？

教材的用意是让学生舍弃事物的非本质属性，归纳、抽象出问题的共性，从而培养学生的数学抽象素养．然而现实情形不容乐观，一些教师对这一问题重视不够．在一次高级教师和一次教师资格证考试的即兴答辩环节中，一位评委曾问过同样的问题"从具体问题到定义概念这一环节，体现了什么数学核心素养？"能回答"数学抽象"的教师不足20%．可见，不少教师对数学核心素养的认识比较模糊．带着这样认识的教师，要想把抽象素养教到位，是不现实的．因此，亟待培养教师对数学素养的认识和案例培训．教学中如何实施呢？

关键是利用好这些例子．这些例子已经过编写专家的多次斟酌，它具有典型性、示范性，覆盖面广，既有后续的等差、等比的例子，有经典的斐波拉契数列和生活实例，也有奥运金牌和富含哲理的老子哲学，而且数量不少，能给学生以丰富的感性体验．教师无须添加例子，只要利用好这些例子即可．其一，要留足时间让学生"想"，思考与体会；其二，教师要让学生多"说"，多让几位学生说共同特点；其三，教师的点评要到位，数列的本质是"序"，如"彗星出现的年份""历届奥运会的金牌数"等，其顺序不可改变．

之后教材中的等差、等比数列的概念，与数列的呈现方式类似．让学生在具体情境中，抽象出数学概念．这样，通过一次次对概念的形成教学或对结论的抽象教学，学生亲历了这些过程，日积月累，能积累一些从具体到抽象的活动经验，帮助学生最终养成在日常生活和实践中进行一般性思考问题的习惯，教学生把握数学本质，以简驭繁，更进一步，能运用数学抽象的思维方式思考并解决问题．

数学建模是对现实问题进行数学抽象，用数学语言表达问题、用数学知识与方法构建模型解决问题的过程．主要包括：在实际情境中从数学的视角发现问题、提出问题，分析与建模，计算与检验，最终解决实际问题．数学建模是应用数学解决实际问题的基本手段，也是推动数学发展的动力．

王尚志教授认为：要把"数学建模活动与数学探究活动"作为一条贯穿课程始终的内容主线．在数列单元中，等差数列、等比数列就是两个重要的数学模型，这两个模型也是从若干个实际例子抽象而来．这一单元围绕等差、等比数列的通项公式和前 n 项和公式，安排了不少应用问题，教学中要学会舍弃非本质属性，建立数学模型，再根据相应公式去解模．

案例2 一道数列应用问题的建模

问题：（教材 $P_{56}3$）某林场去年底森林木材储存量为330万 m^2，若树木以每年25%的增长率生长，计划从今年起，每年底要砍伐的木材量为 x．为了实现经过20年达到木材储存量翻两番的目标，每年底要砍伐的木材量 x 的最大值是多少？（精确到0.01万 m^2）

解析：关键是审题，有两个关键句子："树木以每年25%的增长率生长"，即后一年是前一年的 $1+25\% = 1.25$，即后一项与对应前一项之比为1.25，它是一个等比数列模型；"经过20年达到木材储存量翻两番的目标"，翻两番即是最初储存量的4倍．

（法一）根据目标——"经过20年达到木材存量至少翻两番"，考虑从特殊到一般，设第 n 年末的木材存量为 a_n，则 $a_1 = 330（1+25\%）-x = 330 \times 1.25-x$，$a_2 = （330 \times 1.25-x）\times 1.25-x = 330 \times 1.25^2 - 1.25x - x$，$a_3 = 330 \times 1.25^3 - x（1.25^2 + 1.25 + 1）$，……归纳得 $a_{20} = 330 \times 1.25^{20} - x（1.25^{19} + 1.25^{18} + \cdots + 1.25^2 + 1.25 + 1）$，由题意 $a_{20} \geqslant 4 \times 330$，解得 $x \leqslant 80 \cdots\cdots$．

（法二）设第 n 年末的木材存量为 a_n，则第 $n+1$ 年末的木材存量为 a_{n+1}，则 $a_{n+1} = 1.25a_n - x$，这是一个"已知 $a_{n+1} = pa_n + q$，p、q 为常数，求 a_n"的模型，不难求解．

最后，让学生比较两种形式，并对两种方法进行对比、优化．

变式拓展：（将问题一般化）某林场去年底森林木材储存量为 a，从今年起，以每年 r 的增长率生长，同时每年冬天要砍伐的木材量为 x. 为了实现经过 n 年达到木材储存量至少翻两番的目标，求 x 的最大值.（取 $\lg 2 = 0.3$）

小结：解数列应用题，其一要学会抓关键词；其二要弄清前三项（前三年、前三月、前三天等），得到某种规律；其三，分析前后两年 a_n 与 a_{n+1} 的关系，不难发现满足一个重要的递推数列模型 $a_{n+1} = pa_n + q$.

评注：本题不仅让学生经历了审题、建模、解模、检验，最终解决实际问题的完整过程，得出了重要的递推数列模型 $a_{n+1} = pa_n + q$，还获得了两种解决这类问题的基本方法.

教材中的例 5 是一个分期付款问题，利用等比数列的求和公式，总结出了一个银行贷款的复利问题、分期付款的重要应用模型：$x = \dfrac{ar(1+r)^n}{(1+r)^n - 1}$，链接内容介绍了"现值与终值"的数学模型，$S = A(1+r)^n$. 理解这些模型固然重要，但更重要的是让学生参与建模的过程.

综上，教材编写组已经重视数学建模，关键是教师要重视起来，引导学生一道审题、抓关键词（句）分析，能够依据目标和问题提炼、建立数学模型，再用数学工具解答模型，检验、调整与完善，从而感悟数学与现实的关联，认识数学模型在科学、社会和工程技术中的运用，培养实践能力，积累如分期付款等一些重要的数学应用模型，积累用数学解决实际问题的经验. 还要让一些优秀生能够在实际情境中发现和提出一些问题，从而培养其数学应用能力，增强创新意识.

二、习题课、单元复习课应侧重培养学生的逻辑推理和数学运算素养

逻辑推理是指从一些事实和命题出发，依据逻辑规则推出其他命题的素养，主要包括两类，一类是从特殊到一般的推理，主要形式有归纳、类比，是否为真，尚需证明，但它是通过观察、类比、猜想获得的，是两种创造性的推理. 另一类是从一般到特殊的推理，主要形式有演绎. 逻辑推理是得到数学结论，构建数学体系的重要方式，是严谨性的基本保证，是人们在数学活动中进行交流的基本思维品质.

数学运算是指在明晰运算对象的基础上，依据运算法则解决数学问题．包括理解运算对象、掌握运算法则、探究运算思路、选择运算方法、求得运算结果．以下侧重于探索运算思路、选择运算方法、求得运算结果．

新授课后的习题课，是对新授课的消化与巩固，也是对一些问题的解决与拓展．譬如利用等差（等比）数列性质解决问题，判定数列是等差、等比数列的方法，采取讲练结合．

案例3 等差、等比数列习题课的两组例题

例1：

（1）设等差数列$\{a_n\}$的前n项和为S_n，若$S_{11}=26$，则$a_3+a_9=$ _____；

（2）设等比数列$\{a_n\}$的前n项和为S_n，若$S_6=4$，$S_{12}=12$，则$S_{18}=$ _____；

（3）设等差数列$\{a_n\}$的前n项和S_n满足$S_n=-\dfrac{15}{2}$，$a_n=\dfrac{3}{2}$，$d=\dfrac{1}{2}$，求a_1和n；

（4）在$\dfrac{1}{n+1}$和$2n-1$之间插入n个数，使这$n+2$个数成等比数列，求插入的n个数之积．

评注：这一组问题主要涉及等差、等比数列的基本运算．解决这些数列问题，首先要明晰算理，明晰解决等差（等比）数列问题的基本方法，一是基本量法，即利用首项、公差（公比）解决，二是利用等差、等比的下标性质求解，并注意进行方法对比，如果下标有明显的规律，则直接利用性质求解比较简洁，如：（1）$S_{15}=\dfrac{15(a_1+a_{15})}{2}=30$，则$a_4+a_{12}=a_1+a_{15}=4$．对于（3）下标没有如此规律，则用基本量法，这是解决等差、等比数列的通法．其次，不论什么方法，都需要经过计算，才能得出正确答案，因此，要注意利用好等式、不等式的运算性质进行运算，细心求解，保证正确率．再次，把解决问题的方法上升到思想层面，强调如果能运用好方程思想、目标和整体意识，则能优化解题过程．由此，我们培养学生数学运算素养的

侧重点是在探索运算思路、选择简捷运算途径的基础上，培养学生数学运算的正确率.

例2：已知数列$\{a_n\}$的通项公式为$a_n = an^2 + 2n + 1$，其前n项和为S_n.

（1）试问数列$\{a_n\}$是否为等差数列？

（2）当数列$\{a_n\}$是等差数列时，设$b_n = \dfrac{S_n - 3}{n + k}$，试问是否存在常数$k$，使得数列$\{b_n\}$是等差数列？请证明你的结论.

变式练习：设数列$\{a_n\}$、$\{b_n\}$满足下列关系式：$5a_{n+1} = a_n + 7b_n$，$5b_{n+1} = 3a_n + b_n (n \in \mathbf{N}^*)$，设$c_n = a_n + 3b_n$，求证：$\{c_n\}$为等比数列.

之后引导学生归纳求解"等差、等比数列的判定、证明"等一类问题的思路.（详见如下例1）

评注：这是一类等差（等比）数列的判定、证明与简单探索问题，引导学生在明晰目标的前提下，进行数学推理，例2是归纳推理与演绎推理结合，变式练习是演绎推理.而特殊化法属于归纳推理，需要验证，通项公式法虽然简洁，但需要用定义验证.

学习论认为，经过一阶段的新课教学，学生只能掌握一些简单的概念和单一的解题技巧等松散的点状知识体系，并且容易遗忘，很难达到知识的灵活运用，这就必须有一个对已学知识的梳理整合的过程.单元复习课的功能是梳理知识成网络，强化重点内容，提炼数学思想方法，沟通单元知识、方法间的联系，施行正迁移.

案例4　必修5"数列"单元复习课的设计

"数列"单元复习课一般分为三课时，第一课时，通过基础回顾，把等差、等比数列的有关知识与数学思想方法加以整合提炼，重点是构建知识网络和处理基本问题；第二课时，重点是运用数学思想方法解决等差、等比数列及其他相关知识的综合问题，包括探索性问题，培养学生分析、解决问题能力的同时，培养学生逻辑推理和数学运算素养；第三课时，复习简单数列的求和及数列的简单应用，侧重于转化思想.教学预设为四星级高中学生.现抽取第二课时的几个问题来分析.

例1：已知a、b为正整数，且$a \neq 1$，等差数列$\{a_n\}$的首项为a，公差为

b，等比数列 $\{b_n\}$ 的首项为 b，公比为 a，满足条件：$b_2 = 3a$，且 $a_3 > b_2$.

（1）求 a_n、b_n；

（2）设 $c_n = \dfrac{a_n b_n}{9(n+p)}$（$p$ 为常数），问是否存在常数 p，使得 $\{c_n\}$ 为等比数列？如果存在，求出 p；如果不存在，请说明理由.

让同学们思考，之后请几个学生依次回答.

简析：（1）$a_n = 3n - 1$，$b_n = 3 \times 2^{n-1}$.

（2）把 a_n，b_n 代入得 $c_n = \dfrac{(3n-1)2^{n-1}}{3(n+p)}$.

（思路1）定义（特殊化），令 $n = 1$，2，3，假设 $\{c_n\}$ 成等比数列，得到两个值，再检验.

（思路2）定义（一般化），假设存在常数 p，使得 $\{c_n\}$ 为等比数列，转化为方程 $6n^2 + 2(3p+2)n + 4p = 3qn^2 + q(3p+2)n - q(p+1)$ 对 $n \in \mathbf{N}^*$ 成立，待定系数，再用定义检验.

（思路3）从通项出发，$\{c_n\}$ 为等比数列，应是 $a_1 q^{n-1}$ 的形式，而 $c_n = \dfrac{(3n-1) \times 2^{n-1}}{3(n+p)} = \dfrac{3n-1}{3(n+p)} \cdot 2^{n-1}$，对比得 $\dfrac{3n-1}{3(n+p)}$ 应为常数，且 $q = 2$，常数 $p = -\dfrac{1}{3}$，再用定义检验.

之后引导学生进行小结：对于"等比或等差数列的含参数"的探索性问题，一般有三种思路，前两种都是利用定义，一是特殊化，需要检验，二是一般化，待定系数处理，运算量都比较大；而思路3是抓住等比数列的本质——通项为指数型，进行对比判断，则显得简洁、流畅，运算量要小得多.

例2：已知数列 $\{a_n\}$ 的前 n 项和 S_n 满足 $2S_n = 3a_n - 3$，数列 $\{b_n\}$ 的前 n 项和 T_n 满足 $\dfrac{T_{n+1}}{n+1} = \dfrac{T_n}{n} + 1$ 且 $b_1 = 1$.

（1）求数列 $\{a_n\}$，$\{b_n\}$ 的通项公式；

（2）数列 $\{S_n\}$ 中是否存在不同的三项 S_p、S_q、S_r，这三项恰好构成等差数列？若存在，求出 p、q、r 的关系，若不存在，请说明理由.

变式练习：数列 $a_n = n + \sqrt{2}$，求证：数列 $\{a_n\}$ 中任意不同的三项都不可能成为等比数列．

（操作类似于例1）

评注： 其一，在单元复习课中通过上述整合与变式设计，引导学生反思小结，形成本单元的通性通法，促进知识的正迁移，培养学生分析问题和解决问题的能力；其二，在选编问题时，有意识设计一些含逻辑推理、兼顾数学运算的问题，既兼顾知识的覆盖面，又注重一定的思维训练，在整合中出新．例1（2）的三种方法，由小结的分析，角度不同，导致他们数学运算的差异比较明显，有的运算量很大，让学生体会这一点，从而教学生解决问题需要善于对比、优化，选择合理的运算路径，培养学生的数学运算素养；其三，例2及变式练习是探索性问题与反证法结合的问题，体现正难则反的思想，也是一种逻辑推理，顺便介绍数学推理的基本形式——归纳、类比和演绎，再依据逻辑关系判断是否需要验证，在完善学生认知的同时，培养学生的逻辑推理素养．通过高中数学学习，让学生掌握逻辑推理的基本形式，学会合乎逻辑的思考，能够在比较复杂的情境中把握事物之间的关联，做到重论据、有条理、合逻辑．例2（2）的运算要求和思维要求都比较高，需要师生一道探索运算思路，让学生选择合理的运算方法进行数学运算，借以培养学生的数学运算素养．可见，逻辑推理、数学运算这两个核心素养是有联系的，数学运算是一种演绎推理．

在几种常见课型中培养学生的数学抽象、逻辑推理等核心素养，只是侧重，并非绝对．事实上，在数列新授课中，也常体现逻辑推理素养，譬如在学习等比数列的定义、通项、前 n 项和及性质等新知时，往往要利用类比推理的形式，根据两个或两类对象之间存在某些方面的相似或相同，推演出它们在其他方面也相似或相同，其思维过程：观察、比较→联想、类推→猜测新的结论．而在习题课和单元复习中，欲解决一些实际问题，需要建模、解模、检验等，以此培养学生数学建模素养和数据分析素养．

由于数学核心素养是在数学学习和应用的过程中逐步形成和发展的，所以注定了培养数学核心素养是一个长期、渐进的过程，只能通过学习者自身的领悟、内省、提炼而逐步形成，采用直接传授法是没有什么效果的．教师的作用，一是为学生发掘、提供合适的学习素材，二是做一些必要的提醒、引导．数列单元蕴含丰富的培养学生核心素养的素材，需要教师重视并利用好；有的单元教材看似与核心素养关联不大，需要教师认真学习核心素养的精神，苦练内功，不断挖掘，才能显现出来．让我们数学教育工作者与学生一起，在教学实践中不断探索、反思、感悟、总结，以提升数学核心素养．

遵循三个理解的问题探究彰显学生的主体地位

唯物辩证法告诉我们，外因必须通过内因才能起作用．在教学过程中，教师的活动属于外因，学生的自觉能动性属于内因．新课程积极倡导探究性教学，探究往往要以问题为驱动，以学生的主动参与为根本，让学生亲历探究的过程，在彰显学生主体地位的同时，发展学生的思维能力．在数学新授课教学中，创设情境是一个重要环节，然而创设情境后，如何提出问题、引导学生探究，需要深入研讨．以下通过一节概念教学课，谈谈我们粗浅的认识．

一、案例评析

"单调性"是苏教版必修 1 中 "2.1.3 函数的简单性质"之一，是函数的重要性质．其中用形式化定义增（减）函数，比较抽象，学生想不到，构成教学的一个难点，也是教学的重点．

课本情境

第 2.1.1 节开头的第三个问题中，气温 θ 关于时间 t 的函数，记为 $\theta = f(t)$．观察这个气温变化图（附图 7 所示），说出气温在哪段时间内是逐渐升高或下降的．

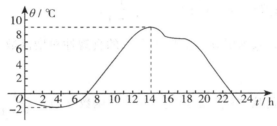

附图 7

问题：怎样用数学语言刻画上述时段内"随着时间的增加气温逐渐升高"这一特征？

一般的，设函数 $y = f(x)$ 的定义域为 A，区间 $I \subseteq A$．如果对于区间 I 内的任意两个值 x_1 和 x_2，当 $x_1 < x_2$ 时，都有 $f(x_1) < f(x_2)$，则称函数 $y = f(x)$ 在区间 I 上是单调增函数．I 称为 $y = f(x)$ 的单调增区间……

说明：从气温图情境中提出问题后，就直接到单调增（减）函数的定义，其增（减）函数概念的形成过程，需教师去填充，由教师对课标、教材和学生的理解，设计好教学活动，进行二次备课．以下提供了教师设计的几种方案．

方案一：如附图 7（见上）为某市 2015 年 12 月的某一天 24 小时内的气温变化图．观察该图，请回答下列问题：

问题一：说出气温在哪些时段是逐步升高或下降的？

问题二：为什么说气温在 $[4，14]$ 是上升的？

生：气温随着时间的增大而增大．（直观定义）

教师说明：对于气温函数 $f(t)$，在 $[4，14]$ 内的任意两个值 t_1 和 t_2，当 $t_1 < t_2$ 时，都有 $f(t_1) < f(t_2)$，则函数 $f(t)$ 在 $[4，14]$ 上是增函数，$[4，14]$ 为 $f(t)$ 的增区间．

教师给出增函数、减函数及单调区间的定义（见上），然后提出三项注意：一是单调区间 I 是定义域的子集；二是 x_1，x_2 中"任意"二字不能丢；三是 x_1、x_2 之间大小关系一般写成"$x_1 < x_2$"．

方案二：分别画出下列函数的图象，并指出图象在哪个区间是上升的，在哪个区间是下降的．

$$y = 2x + 1 \ ; f(x) = -x^2 \ ; f(x) = \frac{1}{x-1} .$$

学生练习后，教师引导学生从"形"的直观性对增函数、减函数做定性描述．

问题一：如何从"数"的角度，对于"函数 $f(x) = \dfrac{1}{x-1}$ 的图象，当 $x \in (1，+\infty)$ 时，函数值 $f(x)$ 随着 x 的增大而减小"的特征给以定量刻画呢？

（若学生回答不出，则教师再明确如下）

问题二：函数 $f(x) = \dfrac{1}{x-1}$ 在（1，＋∞）是减函数，请举一些具体例子说明，这样的例子能写完吗？

学生：当 $x = 2$ 时，$y = f(2) = 1$，当 $x = 3$ 时，$y = f(3) = \dfrac{1}{2}$，所以当 $2 < 3$，有 $f(2) > f(3)$；当 $3 < 4$，有 $f(3) > f(4)$，…. 这样的例子写不完.

问题三：有什么办法可以写出所有这样的例子呢？可以前后四人相互讨论.

学生发现，用字母表示任意的数，可以解决这个问题. 对于任意 x_1，x_2 ∈（1，＋∞），当 $x_1 < x_2$ 时，都有 $f(x_1) > f(x_2)$ 成立，事实上 $0 < x_1 - x < x_2 - 1$，则 $\dfrac{1}{x_1 - 1} > \dfrac{1}{x_2 - 1}$ 是成立的.

问题四：对于一般的函数 $f(x)$，在定义域的某个区间 I 上图象是下降的，可以得到怎样的结论？

形成一般化结论：函数 $f(x)$ 在定义域的某个区间 I 上，图象是下降的，则必有区间 I 内的任意两个 x 值，当 $x_1 < x_2$ 时，都有 $f(x_1) > f(x_2)$.

评析：从画简单的函数图象开始，主要是让学生从图形上感受到函数的增减性，然后提出几个问题. 其一，由于某天的温度曲线图，只是为学生提供了感性的材料，而设置问题一，从一个含解析式的函数进行分析，增加了理性思考的入口，便于对增（减）函数的特征给以定量刻画；其二，怎样刻画呢？以学生的学习经验为出发点，设置了问题二，让学生"举例"并思考，多举例是为了让学生增加感性体验. 设置问题三，是让学生产生认知冲突，有困难则相互讨论，促使学生思考解决问题之良方："用字母表示数"，也就是把无限个式子浓缩或抽象成一个式子，这个过程恰恰是数学发展史中从数字到字母的一个飞跃过程，让学生体会数学返璞归真的过程.

方案三：在方案二的基础上，再增加一个问题：

问题五：反过来，定义域内的某个区间 I 内的任意两个 x 值，当 $x_1 < x_2$ 时，都有 $f(x_1) > f(x_2)$，你是否相信函数 $f(x)$ 在区间 I 上的图象一定是下降的？如果相信，请给出理由；如果不信，请举反例.

让学生相互讨论、各抒己见，可能有少部分学生借助图象能合理地解释这个问题，但对于大部分学生来说还是困难，可以继续提问．

问题六：在区间内取两个 x 值，如 $x_1=2$，$x_2=3$，有 $f(2)>f(3)$，能否说明 $f(x)$ 的图象在区间 $[2，3]$ 内下降？说明理由；在区间内取四个 x 值呢？……．何种情况下，才能保证函数 $f(x)$ 的图象在区间内是一致下降的？

让学生通过举反例来说明．事实上，不知道区间 $[2，3]$ 内的函数值大小，假如 $f(2.5)>f(2)>f(3)$，函数图象在 $[2，3]$ 上有可能是凸起的，也有可能是先凸后凹，有很多种可能，有一点可以肯定，图象是不会一致下降的．

学生得出：在区间内取两个、四个、无数个值都不能保证函数图象一致下降，只有在区间内任意取两个 x 值，当 $x_1<x_2$ 时，都有 $f(x_1)>f(x_2)$，才能保证图象一致下降，从而形成函数单调性的定义．

评析：问题五是从另一个角度揭示增（减）函数的完备性，反映了增（减）函数的定义既是增（减）函数的判定，又是增（减）函数的性质，是充要条件，它有利于知识的迁移．问题六是以反例来揭示单调性概念的"任意性"．这样"单调函数的形式化定义"就水到渠成．

二、教学感悟

教书育人，其核心是育人．体现在数学课堂教学中，既要关注学生的知识基础，又要关注学生的主体地位的体现；既要关注学生对知识的理解与掌握，又要关注学生的学习情态和价值取向．章建跃先生在评价一节好课的标准时，提出了"三个理解"，即理解数学、理解学生和理解教学，它是数学教师专业发展的三大基石，也是教学设计的主要依据．

1. 理解数学，揭示概念的数学本质属性

作为教师，首先要理解数学，它意味着要理解、掌握丰富的数学学科知识，理解中小学数学课程结构体系、教学重点、难点知识．方案一，正是章建跃先生所说的"一个定义，三项注意"的教学方式，教师稍作引导就给出函数单调性定义．而单调性是函数的重要性质，其形式化定义是教学的难点，教师没能理解这一点，或是因课时紧张，把过程大大压缩，结果使学生对单调性的认识只停留在记忆的层面，没有理解．方案二，通过递进的四个问题，

让学生思考与探索，充分展示了增（减）函数定义的形成过程．通过举例，把无数个式子凝炼成一个式子，从"无数"扩展到"任意"，学生了解了"任意性"的形成过程，但缺少逆向问题，概念的形成并不完备．而在方法层面上，让学生经历了从具体到抽象，从特殊到一般的方法．方案三是在方案二的基础上，补充了两个问题，从正反两个方面理解"任意性"，刻画出函数图象的一致增（或减），既体现了函数单调性概念的数学本质，也有助于培养学生思维的深刻性．站在思想方法乃至情感层面的教学才是我们所追求的教学，没有了思想，学生的行动就缺少方向；没有了情感，学生的判断将缺失标准．

2. 理解学生，在学生的最近发展区设置问题

理解学生是指理解学生的知识基础、认知特点、学习方式和习惯；因为学生是课堂教学的主体，教师只有弄清学生已有的数学知识、学习习惯、已有经验和思维特点等，才能做到有的放矢，这是确定教学出发点的依据．具体到一堂课，就是要理解如下几个方面：一是当前的数学知识与学生的生活经验和已有数学经验的联系；二是当前知识与学生已有认知结构的"距离"．方案一，虽然函数增减性与学生的生活经验有联系，但学生的知识基础与所学函数增减性的定义之间的"距离"太大，靠学生自己是很难跨越的．其实，高一一般层次的学生能知道：y 随 x 的增大而增大的函数是增函数，y 随 x 的增大而减小的函数是减函数．但学生并不知道，用函数值的大小来刻画函数的增减性，更难以想到"用两个任意的值"．这是由于缺少合适的问题，学生难以参与其中，自然不能理解．方案二和方案三都是先让学生画图操作，再出示由浅入深、渐进式的系列问题，举例、取值、解释等，这些问题都落在学生的最近发展区内，容易引发学生的思考与共鸣，在教师引导下，把抽象定义具体化、直观化，才得以突破教学难点．这样的问题设计及探索，使学生不仅充分理解知识的来龙去脉，而且用数学自身的魅力吸引学生参与其中，有助于培养学生分析、解决问题的能力．

3. 理解教学，在探究过程中彰显学生的主体地位

理解教学是指遵循数学教学的规律，众所周知，数学教学是一种培养学生思维能力的活动，对于某些重、难点内容，往往需要设置一个探究的过程，让学生在做中学,以揭露知识的形成过程.而数学探究一般要在教师的引导下,通过问题驱动,既要给学生一定的思考时间,也要给他们表达的机会,必要时进行小组讨论,让学生在不断尝试和交流中树立信心,增强主体意识.方案一,对于气温函数 $f(t)$,突然冒出了"任意的两个值 t_1 和 t_2",对于单调性这一难点概念,缺少形成过程,学生没能参与其中,当然不利于他们思维的发展.方案二和三,对单调性定义的形成过程体现得比较充分,通过一次画图操作观察和 4(6)个问题,在教师引导下积极思考、主动举例,进行质疑、反驳、解释,开动脑筋想办法,充分体现学生的主体作用,这样,把思考的机会和操作的机会都留给学生,让那些一味相信教师的学生,通过质疑变得更加理性,自己的聪明才智也得以充分释放.

总之,理解数学,可以帮助我们把握事物的本质,优化教学设计,它是三个理解的基础;理解学生,可以让我们的教学更适合学生,做到以学定教,因材施教;理解教学,可以使课堂教学更高效,在获取知识、培养能力的同时,使学生的情感态度价值观得到更好的发展,真正做到既教书又育人.

理解学生是促进学生适应高一数学学习的基石

　　章建跃先生提出的"三个理解"，是提高课堂教学有效性的三个基本要素. 只有理解数学，才能准确地确定教学目标与任务，因此，理解数学是实现有效教学的前提. 但教师对于数学的理解再透彻，毕竟属于外因，学生的自觉能动性属于内因，外因必须通过内因才能起作用，只有理解学生，才能立足于学生的"最近发展区". 因此，理解学生是实现有效教学的基础. 理解学生首先必须了解学生，了解学生已有的数学知识、思想方法，了解学生的生活经验、兴趣和认知特点. 而要了解学生对于所学内容的掌握情况，可以通过问题解答、测试或师生交流等途径，让学生充分暴露存在的问题，使得教学更有针对性. 本文通过一个检测案例的分析，结合"三个理解"的教学实践，对高中学生提出学习数学的若干对策，促其尽快适应高一阶段的数学学习.

一、检测案例

　　寒假期间，笔者接触了一位外市的高一男生，为了解他学习必修 1 的情况，出示了一道对数综合问题检测一下.（为叙述方便，以下笔者与这位学生的交流统一称为师、生）

　　问题：已知函数 $f(x) = \lg(ax) \cdot \lg \dfrac{x}{a^3}$，$x \in [1, 10]$.

　　（1）求 $f(x)$ 的最小值 $g(a)$；

　　（2）若 $g(a) = 0$，求实数 a 的值.

　　生：这个式子 $f(x) = \lg(ax) \cdot \lg \dfrac{x}{a^3}$，我不会化简.

师：用对数性质，把 $\lg(ax)$ 拆开.

生：$f(x) = (\lg a + \lg x)(\lg x - 3\lg a) = \lg a \cdot \lg x - 3(\lg a)^2 + (\lg x)^2$ $-3\lg x \cdot \lg a$，不会做了.

师（提示）：$(\lg a)^2$ 可简记为 $\lg^2 a$. 类似的，学生把 $(\lg x)^2$ 简记为 $\lg^2 x$.

师（启发）：因形式较复杂，我们可以换元：$t = \lg x$，化简得 $t^2 - 2t\lg a - 3\lg^2 a$，…

生：配方得 $y = (t - \lg a)^2 - 4\lg^2 a$，当 $t = \lg a$ 时，$f(x)_{\max} = -4\lg^2 a$.

师：你这么自信，t 一定能取到 $\lg a$？t 是一切实数吗？要注意新"元"的范围.

生：哦，$t \in [0, 1]$，所以，需要讨论.

师：对哪个量讨论？

生：应该对 $\lg a$ 讨论.

师：不错!

生：若 $\lg a \in [0, 1]$，即 $a \in [1, 10]$ 时，当 $t = \lg a$ 时，$f(x)_{\max} = -4\lg^2 a$；

若 $\lg a \in (1, +\infty)$，即 $a \in (10, +\infty)$ 时，当 $t = 1$ 时，$f(x)_{\max} = 1 - 2\lg a - 3\lg^2 a$；

若 $\lg a \, (-\infty, 0)$，即 $a \in (0, 1)$ 时，当 $t = 1$ 时，$f(x)_{\max} = -3\lg^2 a$.

写成分段函数形式（略）.

（3）（解答尚可，从略.）

之后教师进行变式：若方程 $\lg(ax) \cdot \lg(ax^2) = 4$ 的所有解都大于 1，求 a 的取值范围.

生：$\lg(ax \cdot ax^2) = 4$，$ax \cdot ax^2 = 10^4$，$a^2 = \dfrac{10000}{x^3}$，$a = \dfrac{100}{x\sqrt{x}}$，因 x 大于 1，所以 $a < 100$.

师（反问）：$\lg(ax) \cdot \lg(ax^2) = \lg(ax \cdot ax^2)$ 成立吗？

生：感觉到不成立，就修改为：$\lg(ax) \cdot \lg(ax^2) = \lg(ax + ax^2)$.

教师被学生弄得哭笑不得，感到学生是糊涂了，才发现这位学生的情况是基础较差，当时对"对数"部分内容没理解，接受能力不强，迁移能力较弱.

因此，笔者索性退回起点，讲了公式的来由——推导过程，因为 $a^m \cdot a^n = a^{m+n}$，不妨设 $M = a^m$，$N = a^n$，则 $MN = a^{m+n}$，由对数定义得 $m = \log_a M$，$n = \log_a N$，$m + n = \log_a MN$，且 $m + n = \log_a M + \log_a N$，所以 $\log_a MN = \log_a M + \log_a N$.

再让学生自己推导一次"商的"对数性质：$\log_a \dfrac{M}{N} = \log_a M - \log_a N$.

教师强调：只有乘、除、乘方的对数有运算性质，加法、减法没有运算性质，没有性质怎么办？自己消化，如：$\log_2 9 \cdot \log_3 2 = \log_2 3^2 \cdot \log_3 2 = 2\log_2 3 \cdot \log_3 2 = 2$. ……

之后，让学生练习两道题，化简：

（1）$\lg (2a^2) \cdot \lg (3b^2)$.

（2）$\log_2 \dfrac{1}{25} \cdot \log_3 \dfrac{1}{8} \cdot \log_5 \dfrac{1}{9}$.

从解答反馈：过程正确，结果也正确.

这位学生有关"对数"学习的状况，让人担忧，为何会这样？为了弄清原委，笔者进行了一次探索，与这位学生进行了对话交流.

对话交流：

师：对数有三个性质，你们老师当时推导了吗？

生：推导了第一个，要我们课后自己去推导其他两个性质.

师：你推导了吗？

生：没有.

师：你对对数性质理解吗？

生：不是很清楚.

师：那么，你有没有再思考一下，或请教老师？

生：没有.

师：当时，老师说对数的本质是什么？

生：说没说，记不清了.

师：你知道对数的本质吗？

生：不知道.

师：你觉得还有什么要补充的吗？

生：公式性质多了，弄混淆了.

师：当时呢？

生：当时对照公式解答，还可以，时间长了，就搞不清了.

二、问题分析

该问题是一道以对数为背景的综合性问题，主要考查对数的运算性质、闭区间上二次函数的最值、转化思想及整体思想，是一道考查高一学生对必修 1 掌握情况的典型问题，知识点、方法点较多. 学生是一个普通学校的基础较差的学生，从该题的解答过程及对话中发现，学生存在以下几个问题：

（1）面对比较复杂的对数形式，缺乏思路，需要教师适当提示、提醒；

（2）对对数的几个性质，严重混淆；

（3）换元意识不强，对二次函数在闭区间上的最值问题缺乏讨论意识；

（4）对对数的本质没有理解，迁移能力不强.

众所周知，高中与初中的数学学习存在较大的落差，根据多年的教学实践及对学生学习现状的了解，梳理一下学生存在问题的原因，主要有以下几点：

（1）"对数"知识本是高中生学习的难点之一. 因学生的基础较差，而本题难度较大，因此错误百出，说明本题不在该学生的"最近发展区"内，不适合. 所以新课程有意降低对数的要求，减少繁杂的对数运算，很有必要.

（2）课堂上大部分教师也揭示新知的形成过程，但大都是教师讲授得多，学生参与构建得少；结论出来后，是大量的解题训练，学生没有喘息的机会，哪来的时间反思感悟？是一种快餐式教学，这样出现上述"夹生饭"现象是很自然的，学生对新知印象不深，时间久了就易混淆. 甚至于在一所四星级高中"椭圆的标准方程"的课上，由于导出标准方程后直接进入"数学运用"（约 20 分钟），而缺少对"标准方程特征"的再认识，因而课堂上学生常常出错，譬如分母 a^2、a 分不清，焦点在哪个轴上不分等.

（3）从访谈中可以看出，当时学生对对数公式"不是很清楚"，说明没有真正理解，课后没有思考，也没有问老师；学生不清楚对数的本质，其实，对数的本质是降低运算维度，把乘除运算（二级）变为加减运算（一级），把乘方、开方运算（三级）变为乘除运算（二级），对数的三个性质正好反映这一点，如果教师讲清、且学生真正理解了这一点，怎么会出现 $\lg(ax)\cdot\lg(ax^2)=\lg(ax\cdot ax^2)$ 和 $\lg(ax)\cdot\lg(ax^2)=\lg(ax+ax^2)$ 等错误呢？

（4）对于闭区间上的二次函数最值问题，多年的实践表明：不少高一学生屡次失误．究其原因，与初中教学的要求有关，在初中接触到的二次函数最值问题，一般是定义域为 R，教师强调的是在对称轴处取得最大或最小值，经过初三学习及中考复习，重复、强化得过多，到了高一，只有 1～2 节课进行二次函数闭区间上的最值学习，是难以扭转过来的．

（5）某些学生存在一些不合理或不良的学习习惯，如，教师要求学生课后完成的问题，对于学习情态不高的学生，就等于一句空话；某些学生不理解的问题也不善于问老师；解题时，边看公式边解答，解答依赖公式和范例．如此解答，即使正确，也是模仿居多，没有内化为学生自己的．这些学习习惯制约着学生理解数学、掌握方法，是学生进步的绊脚石．

三、教学对策

分析了存在问题及产生的原因，可以获得一些有益的启示，寻求对策，是为了今后高中生能尽快适应高一的数学学习，少走弯路．

1. 加强对高一学生数学学习的适应性指导，养成良好的学习习惯

高一上学期的学生，刚从初中进入高中，在课业学习中，面临着初中知识结构向高中知识结构的过渡，面临着学习方法、学习思维的转换；在学习环境上，面临着新的老师、新同学和新的学校环境；从思维特点来看，初中生是以形象思维为主，高中生主要是通过逻辑判断和抽象思维建立概念和规律；从学习方法来看，初中阶段的学习为依赖型、记忆型居多，而高中的学习则主要是独立型、理解型；在学习内容上，高中比初中容量更大、难度更大．这些问题，高一学生不可能一下就能适应，需要一个循序渐进的过程，从用"拐杖"到甩"拐杖"，中间需要人"扶一把"，才能走稳．学习论认为，经过一段时间的学习，学生容易遗忘，需要进行回顾训练．因此，需要

对学生做一些适应性的指导，指导学生如何看教材，如何做笔记，如何做作业，避免对着教材和公式解题．对于需要记忆的内容，如概念、公式、定理、性质等，不仅要求学生记忆，还要教学生如何清晰地记住，从本案例可看出，对于中下层次的学生和已经混淆的学生，强化一下记忆很有必要．当然记忆一定要在理解的基础上进行，否则等于零甚至为负数．

2. 要优化教学设计与操作，促进学生理解数学内容

在高一数学教学中，如新知（新概念和新结论）教学，要注意以下几点：其一，一定要暴露知识的形成过程，让学生亲历过程，既加深印象，又弄清问题的来龙去脉，与学生一道通过问题、透过现象抓本质，便于学生产生自觉的行动，有利于学习的正向迁移；其二，设计探究性问题时，一定要考虑学生实际，起点要低、坡度要适中，便于学生拾阶而上，当学生答不出来时，要给予一些提示语，启发引导学生，给予成功的机会；其三，讲解问题要抓住要害，譬如，对于二次函数闭区间上最值问题这一难点的教学，要放慢速度，向学生说清楚高中研究的二次函数的定义域许多情况下不是 R；对于配方后的式子 $f(x) = a(x-h)^2 + k$，除了要对 a 讨论外，要多问问自己：x 能否取得到 h？要多一点耐心，允许学生有反复，之后出现类似的问题，每次都让学生说明理由，逐步掌握这一方法，并养成对于不确定性问题进行讨论或判断的习惯．

3. 课上要预留几分钟让学生反思感悟，课后建议学生交流"考后反思"

高中"苏教版"教材倡导的课堂教学模式：问题情境→学生活动→…→回顾反思；波利亚解题表的最后一个环节也是"回顾反思"．由此，不论是新授课，还是习题课、复习课及试卷讲评课，都要预留一个"回顾反思"环节，让学生回顾过程与方法，说出自己的感受，甚至留白．笔者在立人高中兼课时，每次期中、期末考试后，让全班学生写"考后反思"，把成功、不足及对策，一一写出来，并抽点时间，让同伴交流．教师从中归纳出几个要点，粘贴在学习园地．一位学生对此回忆道：我们班级的数学成绩之所以能名列年级前茅，"检测后反思"是其中一个重要的因素．上述做法给我们以启示，除了教师必要的指导外，让学生通过自身实践、自我反思，获得一些认识；让同学们意识到问题的严重性，自己讲出来并写出来，同伴的经验总结、挫

折与感悟弥足珍贵．这是因为学生更能听进同伴的讲解，更能理解同龄人的语言，具有共振"效应"，易产生正能量．教学实践表明，"检测后反思"是一种有效的学法指导．因学生是学习的主体，解决学生的问题，终究要通过学生自己的努力予以解决，这也是理解学生的体现．

综上所述，理解学生是促进学生适应高一数学学习的基石．理解学生，就能更好地促进学生理解数学，然而，要使学生获得最大的学习效益，教师还必须理解教学，研究"如何教"，这是有效教学的关键．

参 考 文 献

[1] 朱水根，王延文．中学数学教学导论［M］．北京：教育科学出版社，2001．

[2] 潘卓．高中数学课堂中开展局部探究学习的实践研究［D］．浙江师范大学，2009．

[3] 华志远．"超前尝试、同伴成长"课堂教学设计的案例研究［J］．湖北：数学通讯，2010（8）．

[4] 章建跃．中学数学课改的十个论题［J］．中学数学教学参考，2010（3）．

[5] 孔小明．"直线与平面垂直的定义与判定"的教学设计与说明［J］．湖北：数学通讯，2010（24）．

[6] 黄安成，武瑞雪．忠于教材不囿于教材［J］．中学数学，2010（23）．

[7] 王名扬，张建良．江苏省中小学教学研究2011年度第九期重点课题——教师有效稚化自己的思维，促进学生参与性探究——以高中数学为例［J］．中学数学月刊，2015（11）：9-12．

[8] 中华人民共和国教育部．普通高中数学课程标准（2017）［M］．北京：人民教育出版社，2017．

　　笔者自 2008 年 8 月在陕西《中学数学参考》中正式提出"让局部探究成为数学教学的常态"的观点，之后的近十年，局部探究的观点在全国各类数学期刊被大量引用，在江苏省特级教师、高级教师论坛等一些研讨会上，被不少教师广泛引用，可见局部探究的观点受到了数学同行广泛的关注。2008—2017 年，笔者对局部探究在新授课、习题课、复习课等不同课型的具体实践中，写成 20 多篇论文、案例，分别发表在数学核心期刊和数学专业杂志，主要有陕西的《中学数学教学参考》（上旬、中旬），北京的《数学通报》《中小学数学》，湖北的《中学数学》《数学通讯》，吉林的《中国数学教育》（高中版），浙江的《中学教研》等；其中有 5 篇论文被中国人民大学《复印报刊资料·中学数学教与学》全文转载。本书收录了其中一些代表性的文章，附录中也收录了本人在最近几年对于热点话题"三个理解""数学学科核心素养"的一些研究成果。

　　接下来，我们梳理一下局部探究的主要观点：

1. 局部探究适宜的内容

　　（1）素材的难易要符合"最近发展区"理论. 对教材中那些简单易学的内容，只需现成的认知结构和认知方式去同化吸收，便可掌握，一般不需经过探究发现；对那些难度过大的问题，即使学生打起精神去探究，也不会有多少进展，没有收获成功的喜悦，反而浪费时间，这种探究也毫无意义.

　　（2）选择教材中的重难点问题实施局部探究，如教材的核心概念、主要结论，学生学习过程中的易错点、易混淆点，教材中一些典型的例题、习题等.

　　（3）选择教材中有思维价值、有益于探究"发现"的内容.

2. 局部探究的构成元素及操作要点

　　局部探究的构成主要有以下元素：观察、尝试（特殊化、动手操作、实验、演示等）、猜测、验证，调整、联想、转换，对比、判断等活动. 局部探究的操作，往往是从提出合理的"问题串"开始，促学生思考，再通过必要的小组合作、对话交流等形式．因局部探究是与有意义接受式学习相结合，要占用5—15分钟时间，作为平衡，就需要适当减少一些不必要的时间，这对教师的教学设计提出了更高的要求．

3. 局部探究的愿景

给学生一个空间，让他们自己往前走；

给学生一个问题，让他们自己去找答案；

给学生一个冲突，让他们自己去讨论；

给学生一个题目，让他们自己去创造；

给学生一个机遇，让他们自己去抓住．

另外，本书的设计和文字，得到了教授级特级教师钱军先的大力支持，参考了梁莉娟、陈锋、储东花、张龙武等老师的修改意见，在这里一并表示感谢！

由于本人水平所限，书中错误难免，敬请读者批评指正。

王华民

2018 年 12 月于江苏无锡